CHILD SENSITIVE PERIOD

陪孩子走过 3-6岁敏感期

这本书可让父母捕捉到儿童成长的
9大表现

青蓝图书◎编著

航空工业出版社
北京

内 容 提 要

《陪孩子走过 3–6 岁敏感期》一书从孩子的特点及不同的敏感期类型出发，结合现实案例，详细分析了孩子在敏感期的表现，并举出了相应的应对策略。本书还结合了著名教育家蒙台梭利的早教观念，对孩子敏感期教育内容进行了重新整合，帮助父母读懂儿童敏感期，掌握成长的关键期，协助孩子走好人生第一步。

图书在版编目（CIP）数据

陪孩子走过3–6岁敏感期 / 青蓝图书编著. -- 北京：航空工业出版社, 2021.8

ISBN 978-7-5165-2698-9

Ⅰ. ①陪… Ⅱ. ①青… Ⅲ. ①学前儿童－家庭教育 Ⅳ. ① G781

中国版本图书馆 CIP 数据核字（2021）第 145520 号

陪孩子走过 3–6 岁敏感期
Peihaizi zouguo 3–6 Sui Minganqi

航空工业出版社出版发行
（北京市朝阳区京顺路 5 号曙光大厦 C 座四层 100028）
发行部电话：010-85672688 010-85672689

三河市宏图印务有限公司印刷　　全国各地新华书店经售
2021 年 8 月第 1 版　　2021 年 8 月第 1 次印刷
开本：710 × 1000 1/16　　字数：167 千字
印张：13.5　　定价：39.80 元

前言

"敏感期"一词最早由荷兰生物学家德·弗里提出。他在研究中发现，动物在成长过程中对环境具有一种特殊的敏感性。正是这种敏感性，让其可快速掌握生存技能。而后意大利幼儿教育家蒙台梭利在长期与儿童的相处中发现孩子的成长存在类似现象，因而提出了"儿童敏感期"的理论，并将它运用到儿童教育中，对提升儿童的智力有极卓越的贡献。

之后，儿童敏感期越来越受到心理学家和教育者的重视。时至今日，"敏感期"已经成为家喻户晓的教育理念，被广大父母所熟知。孩子的成长是一个充满神奇的过程，让人感到惊奇不已，但又无比困惑。

有不少父母发现，孩子刚出生时，对白色墙壁和天花板的关注要远远大于五颜六色的玩具娃娃。但等孩子长大一些后，这种现象开始发生转变。他们将更多的注意力转移到玩具娃娃身上；孩子在 2 岁前总是喜欢把所看到的东西放到嘴里，啜手指、啃脚丫都是乐此不疲的事情；稍大一些后，他们喜欢蹲在地上，这里瞅瞅那里瞧瞧，尤其是对各种孔洞非常感兴趣……

以上行为都是孩子在敏感期的表现，也是孩子成长中的实践过程。正是在这样的实践中，孩子的认知能力得到逐步提升。所以，每一位父母都应该留意孩子那些看似很难理解的行为，因为这正是孩子自我成长的表现。

孩子的生活能力、学习能力、思维能力基本上都是在敏感期建立起来的。敏感期是孩子一生中最重要的智力发育和潜能开发期。蒙台梭利曾说："经历敏感期的孩子，其弱小的身体接受到一种神圣命令的指挥，小小的心灵也因此倍受鼓舞。"

敏感期还是孩子情感、个性等精神层次萌发的阶段。通过对"敏感期"的探索和感悟，孩子不仅学会了生活能力，还成为一个会作出判断、情感丰富的小天使。敏感期不仅意味着孩子整体能力的提升，还事关孩子性格和品德的形成。

出于对孩子健康成长的考虑，每位父母都应该关注孩子的敏感期。如果父母不了解孩子的敏感期，就不能有针对性地对其进行教育，这对孩子来说，无疑是一场灾难。通过研究发现，一个孩子某项能力缺失或有某种性格缺陷，大都能从敏感期中找到原因。在孩子发展的关键阶段，父母不仅要当好保护者的角色，更要承担起教育者的责任。

敏感期给我们提供了一个深入认识孩子的窗口，只要我们细心观察和分析，捕捉到藏在孩子敏感期后的成长秘密，有针对性地改善教育孩子的方法，就能更好地促进孩子成长。给孩子一个充满爱和自由的空间吧，在这个空间里去发掘孩子成长的秘密，当孩子像花朵一样绽放时，我们的爱和付出就有了丰厚的回报。

目录 CONTENTS

第 1 章　敏感期决定孩子的起点

第 2 章　儿童敏感期的 9 大表现

第 3 章　敏感期的早教重点

第 4 章　萌芽阶段：走好第一步

第 5 章　自我觉醒：执拗初体验

第 8 章　学龄前过渡：走向大世界

第 9 章　蒙台梭利的早教智慧

第1章

敏感期 决定孩子的起点

孩子神奇的敏感期行为

婴儿期的孩子学习能力和成长潜能是非常让人惊叹的。实际上，其他生物在幼小状态时的生命活力和成长“速率”也是最为旺盛和迅猛的。大自然是一个极为复杂的生态系统，更是所有生物赖以生存的空间，每一个“新生者”基于生存所需，会本能地对所处环境做出最迅速的反应，这正是“敏感期”的由来。

人类是高度发达的“动物”，更衍生出了一个完善的文明社会体系。从某种程度上说，文明已经是人类社会“遗传”的一部分。孩子在出生时会表现出对物理环境的敏感，同时对“文明环境”也会做出相应的反应，以迅速获得生存的必备“技能”。

发展心理学家认为，0－3岁的婴幼儿时期有着让人称奇的敏锐反应力和主动探索世界的能力，这是婴幼儿敏感期的第一个阶段；3－6岁是敏感期的另一个阶段，在这个阶段，孩子的学习能力会得到快速提升。父母若通过正确的早期教育，让孩子学习探索外界的潜能得到充分发展，这将为孩子的成长奠定良好的基础。

孩子敏感期的表现

人们通常认为新生儿是没有认知能力与学习能力的个体。其实，新生儿从出生的那一刻起，就具有相当惊人的反应和学习能力。下面看一下这几种情况：

对光敏感的婴儿：光线的明暗变化会让孩子迅速做出反应。即使孩子刚出生不久，如果在其闭眼时开了灯，他会立即睁开双眼寻找光源，这就是婴幼儿对光线的本能反应。

3 周左右的婴儿，开始凝视视野中出现的物体，并追随物体的移动而转移视线。家长们都曾注意到，新生儿会经常盯着天花板看，实际上，那是孩子在确认空间感和存在感。如果在孩子面前放一张黑白相间的纸张，就会发现孩子会在不同颜色之间反复确认。

对声音敏感的婴儿：人们很喜欢对正在哭闹的新生儿摇铃铛或摇动拨浪鼓，“叮叮当当”的声音很容易让孩子安静下来，变得眉开眼笑甚至手舞足蹈。正是对声音的敏感，让婴儿在成长中逐渐学会分辨不同的声音。

例如，在给婴儿喂水之前，先拍一下手，几次以后，婴儿听到拍手声就会主动扭头伸手要水喝。实际上，即使没有刻意的声音，孩子也会通过观察和学习对一些现象做出迅速的反应。比如不管冲奶粉的声音多轻微，孩子在听到这个动作的一刹那，就会迅速做出要吃奶的动作，这也是婴幼儿具有学习能力最好的佐证。

触感发达的婴儿：婴儿一般都是通过嘴和手去触摸感知外界。现代研究发现，婴儿把东西抓起来放嘴里啃咬不仅是出于“吃的本能”，更是他们自主感知物体的手段。在这个过程中，他们会逐渐对物体软硬、轻重、质感以及冷热等感官反应形成认知。比如婴幼儿会通过哭闹来对抗洗澡水过冷或者过热带给自己的不适感。

研究发现，婴儿的早期触摸感觉的发展与长大后手的灵巧程度有很大的关系。若是让婴儿睡在宽松的婴儿床上，手脚和身体不受束缚，双手能自主地从袖口伸出触摸各种物品，就会大大提升孩子手眼协调以及认知新事物的能力。而经常将婴儿捆绑成一个“蜡烛包”，孩子的手眼协调能力以及认知能力都会弱很多。

敏感期孩子的模仿能力

模仿能力是婴幼儿与生俱来的。做个小小的试验，在婴幼儿清醒、不哭闹的时候，把脸靠近他的脸，当他直视你的时候，伸出你的舌头，重复几次，你会发现他会本能地像你一样伸出舌头，这就是婴幼儿模仿能力的表现。除此之外，他还会模仿张嘴、噘嘴等他感兴趣的表情。

其实，新生儿会模仿面部动作，是一件很了不起的事。他需要看到你的动作时，马上联想到自己身体的具体部位，这是一个联动的过程。正是凭借与生俱来的模仿能力，孩子才能得以迅速地发展自己的认知能力。

这些只是很常见的行为，实际上，孩子的敏感期要更丰富和多彩。当然，孩子的这些敏感期行为也往往让父母感到好奇或担忧，更多的还是被麻烦得“头疼不已”。但是，敏感期对孩子来说实在是太重要了，因为万物始于最初，孩子对这个世界的学习探索、感悟等任何技能，都将在这一时期初形成。在孩子敏感期的时候，父母要主动关注孩子成长的方方面面，积极引导孩子不走弯路，这对孩子的健康成长非常重要。

孩子井喷式的智力发育

智力是一般性的精神能力，主要指认识、理解客观事物并运用知识、经验等解决问题的能力。同时还包括记忆、观察、想象、思考、判断等基本生理技能。这个定义看起来非常“唬人”，但实际上一点都不神秘，因为它所关联的只不过是人的日常行为。

0－6岁的孩子，正是对所有的环境都充满好奇和探索之欲时，让这些

“小小探险家”到哪里都有新发现，不仅实现了智力从“无”到有的飞跃，其全面发展之态更像是“井喷”。正因为如此，家长们为孩子那强大的学习能力而感到惊喜不已。

研究发现，在敏感期，尤其是0－3岁，正是孩子大脑发育的关键时期。这一时期内，宝宝的脑重量快速发展，大脑重量可从出生时的370克增至1岁时的900克，已经达到成人75%的水平。此后，宝宝脑容量的增加速度明显放缓。

人的智力高低是由大脑树突网络的密集程度决定的，而树突网络就主要源自婴儿时期所接受的感官刺激。

在孩子的敏感期，大脑的可塑性较大。这时健全、良好、丰富的环境刺激可以充分激活孩子的脑神经细胞，促进大脑结构和身体感统功能的发育，建立高度复杂、功能强大的网络。如果缺少适当的环境刺激，婴儿的脑部树突网络发展就会受阻，由它支配的语言、动作情绪等能力的发展也会受限。

在敏感期，尤其是最初的3年，是孩子一生智力发展最为迅速关键的时期。这个时期，很多家长会发现，1－2岁的孩子都会拿着笔到处写写画画；到了3－4岁，这种行为更是一发不可收拾，这就是孩子智力发展的重要表现。在孩子智力发展的“井喷”和关键阶段，除了后文详细的介绍外，这里先给家长们支些“小招”。

和孩子“聊天”

如果说孩子的视觉发育更多是自发的，那么听觉发育就更多的是“被动的”。不要小看孩子的“听力”，当孩子还是胚胎时，他们就开始倾听外界的声音了。

对于孩子来说，妈妈的话语是他们最爱听的声音。但是跟孩子说话时，快速而含糊不清的话是没有用的，母亲温和慈爱的声音对孩子才是最有吸引力的。绝不要忽视婴儿的语言学习能力，孩子在5个月大的时候，就能对外界声音做出主动的反应，比如回应父母喊自己的名字。同时，父母和宝宝多“聊天”还能锻炼孩子的语言表达能力，也是安抚孩子哭闹的好方法。如果在说话时，能够配以丰富的表情，孩子会更乐意与父母交流。

给孩子做榜样

孩子的模仿能力是他们了解世界和自主学习的法宝。父母可以利用这一点来激发孩子的智力。比如，婴儿对看父母尤其是妈妈的脸很感兴趣。从刚生下来开始，他们就会模仿微笑、皱眉等表情。对着刚出生四五周的婴儿做鬼脸、吐舌头，他们也会伸出自己的舌头来！所以，当父母想让孩子做什么时，自己先做示范是非常有效的方法。

当孩子年龄更大一些，还会主动模仿父母的行为，这时父母要重视自己的榜样作用。有一句古话“有其父必有其子”，说的正是父母的榜样作用。父母是孩子最亲近的人，所以，父母更要注意自己的言行，很可能因为父母的一个不经意的行为，就会影响孩子的一生。

多带孩子“运动”

这里所说的运动是广义的。其实多和孩子做游戏，让他动起来也是一种运动。现代城市家庭多是居于高楼之上，邻里之间交往甚少，孩子的伙伴也非常少，很多孩子就是在婴儿车和家里度过了敏感期，这对孩子的智力发育启不到任何促进作用。父母可以多带孩子去公园、学校旁、超市等地方，让孩子多接受来自不同环境的刺激，通过好奇之心完成自我成长。

父母是孩子的第一任老师，如果父母能够运用科学的教育方法，抓住孩子智力发展最重要的“井喷”期，一定能奠定孩子身心健康发展的基础。

抓住孩子的敏感期教育

荷兰生物学家德·弗里在研究动物各项身体技能时，基于动物的本能提出了“敏感期”一词，用来描述动物在成长初期，对与自身相关的技能（比如老鼠打洞）表现出的迅速反应。后来，意大利著名幼儿教育家蒙台梭利在长期的教学实践中，发现了儿童的成长也会产生类似的现象，因而在 1936 年正式将“敏感期”一词引入到教育领域，提出了敏感期教育理论，开创了全新的教育领域。

自此之后，敏感期教育就受到教育专家和父母们的重视，“敏感期”一词也成了家喻户晓的概念。正是在她的理论的影响下，敏感期教育成为儿童早期教育非常重要的组成部分。

蒙台梭利在自己的“儿童之家”学校，对孩子们进行细致耐心、理性系统地观察之后指出：儿童在某一个特定的时期有一种“敏感力”，这种力是一个人在其生命发展过程中，对外部环境的某些刺激产生特别敏锐的感受力，并最终影响到其心智的运作或生理的反应，而出现特殊的好恶判断和直观的感受。

当“敏感力”产生后，孩子的内心会产生一种内在的、无法遏止的动力。让孩子对他们所感兴趣的事物，产生浓厚的兴趣，进而产生尝试或学习的狂热愿望，直到内在的需求满足或敏感力减弱，这股动力才会消退。蒙台梭利将这段时期称为“敏感期”。

正是在敏感期内，儿童对某一种知识或技巧表现出特殊而高涨的热情，或者在生活中表现出某种执拗式的敏感反应。此时，孩子对周围环境中某个方面表现出强烈的兴趣，并且会出现大量有意识或无意识的活动来释放自己的感受。父母在敏感期内对孩子恰当施教，能够取得事半功倍的效果，让孩子的心智得到迅速发展。无论是为了开启孩子的智慧之门，还是让孩子愉快地度过童年，父母都应该重视孩子的敏感期教育。

敏感期教育弥足珍贵

敏感期是孩子在生命本能驱动下的一个积极主动探索和学习的时期。一旦敏感期过去，孩子在心智上的进步，就失去了这种原始而深厚的动力支持，只能依靠主观的努力和外界的指导才能实现。

敏感期孩子的学习能力是惊人的，最明显的表现就是语言学习能力。在语言敏感期短短两三年间，孩子就能熟练地掌握一门语言。而想在学校期间再去学习另一门语言，即使付出再多的心血，也很难达到敏感期时的效果。

如果父母深深了解孩子敏感期的特点和巨大潜能，就应该学会如何利用好这一时期，实现孩子各项能力的快速发展。敏感期很短暂，并且在某个特定的敏感期中，孩子对一种特定的知识或技能的兴趣只会持续一段时间，过后就会消失，不会再出现另一个具有同等强烈兴趣感的时期，因此，父母们更应该珍惜。

敏感期教育是弥足珍贵的，然而当孩子表现出敏感期的行为特征时，很多家长都没有意识到，或者意识到了仍用成人的标准来判断，以致最终失去了教育的良机。

敏感期的发育

孩子一生下来，就进入了敏感期。这时候孩子是具有能力的天生学习者，他们遵循着自然成长法则，在身体发育的同时也不忘发展着心智。很多人都意识到了，如果错过某一敏感期，会造成孩子某方面技能发展缓慢甚至是缺乏。但是很少有人意识到，如果敏感期遭受某种因素影响，甚至还会对孩子造成意想不到的身心伤害。

在教育界流传着意大利小男孩托蒂的不幸遭遇。这个孩子有一只十分奇怪的眼睛——从生理学上讲完全正常，但它却是失明的！许多医生和专家在检查后都得出了同样的结论：这只眼睛没有任何病理性损伤。

那么，一只完全正常的眼睛为何却失明了呢？原来在小托蒂出生时，他的这只眼睛被轻微感染，在做了极为安全的治疗后，被绷带缠上了两个星期。这个孩子的另一只眼在出生后三个小时就睁开了，能够接受外界的视觉刺激，但那只被感染的眼睛，直到两个星期后才接受外界信息。

当绷带被拿掉的时候，小托蒂的这只眼睛已经完全失明了。在孩子对光最敏感的时期，小托蒂这只眼睛无法接受任何外界信息，为这只眼睛工作的神经组织也迅速衰退了。在对光产生反应的最初时期，负责这只眼睛工作的神经元未能和其他神经元建立起联系，也就是说，这只眼睛接收到的视觉刺激无法传达到大脑之中。从此以后，这只眼睛就再也不会工作了。

小托蒂的悲剧说明了在敏感期，很小的一个因素都可能引发严重的后果。在孩子最需要感知周围世界时，如果缺乏适当的刺激，孩子的脑部网络形成就会变得缓慢，甚至会因为受到阻碍而留下缺陷。

无论是为了孩子身体的健康发展，还是为了促进孩子的心智成熟，都需要更加关注孩子的敏感期。当敏感期来临时，要明白孩子特殊的心理变化，及时对其进行引导；要为孩子提供相应的活动培养，使他们的各项能力真正地发展起来。

孩子敏感期的发展阶段

敏感期一般在孩子6岁之前，会密集表现出对某种事物、现象或知识感兴趣的时期。在这一时期内，孩子在不同年龄段，他的心理和关注点会不断地变化，表现出明显的阶段性特点。一个阶段结束，另一个阶段又随之而来，甚至会出现几个敏感期同时进行的情况。

在这个不断变化的过程中，如果父母能够正确把握孩子每一个阶段的特征，根据孩子的心理特征和喜好，来营造合理而又不断调整变化的教育环境，就能够很好地促进孩子的身心健康发展。

0－3岁被动式敏感期阶段

0－3岁是孩子成长的最初阶段，孩子各种基础的能力都将在这一阶段形成，包括手的运动、腿脚的运动、说话的能力等。孩子身体对外界的感知能力也在这一阶段形成，像视觉、味觉、嗅觉等。如果此时孩子对外界某方面的感知缺乏必要而适当的刺激，他的感知能力发展就会受到阻碍。此时，孩子的各种器官尚未发育完全，大脑和身体各部分的神经联系也在不断发展中，如果孩子最初的神经联系没有建立起来，很可能就会造成终生伤害。

在世界各地，医生们发现了这样一个奇特的现象：患有先天性白内障的孩子，等他们长大一些再做白内障摘除手术，依然不能复明。但是，如果成人患上白内障，则不会出现这种情况。

哈佛大学的几位教授做了一个类似的实验：他们把一只刚出生的健康小猫和一只成年猫的眼皮各取一只缝上一段时间。当缝线被拆除后，小猫被缝眼皮的那只眼睛永久地失明了，而成年猫被缝眼皮的那只眼睛却安然无恙。据研究，造成这种差异性结果是因为负责管理小猫那只眼睛的神经元从一开始就没有被激活，此后也再也激活不了；成年猫则不同，它的神经元一直处于活跃中。

0－3岁也是孩子精神发育的最初阶段。但是受孩子表达能力所限，成年人往往无法了解这个阶段孩子的心理。比如2岁左右的孩子会有一个秩序敏感期，此时如果父母“动了”他的某些东西，很可能会引起孩子剧烈的情绪反应，孩子甚至会大哭大闹，直到秩序回归正常为止。然而，由于孩子不懂得如何向成人表达这种要求，父母也就很难理解孩子的行为，只是认为孩子执拗、任性。

孩子出生后的最初3年，也是孩子智力发展最关键的阶段。因为这是一个从“无”到“有”的过程，父母每一个细微的举动都会影响到孩子的成长。由于很少有幼儿园愿意接受这个年龄段的孩子，家庭就成了孩子智力成长最主要的场所，父母作为第一任老师要肩负起保护孩子身心健康、促进智力发育的重任。

这一阶段的孩子，无论是身体还是智力方面都是最弱的。在这一阶段的孩子几乎不具备自我保护和认知能力，只得完全依赖于成人。所以，这一阶段孩子的敏感期行为，大多也是无意识的。

3－6岁主动式敏感期阶段

这一阶段的孩子，心理类型和前一阶段基本相似，但显得更为活跃。因为孩子的主动意识在这个阶段开始出现，并发挥着重要的作用。比如，这阶段的孩子会进入情感敏感期、审美敏感期、阅读敏感期、社会规则敏感期、数学敏感期、思维敏感期等。这些无一不是孩子有意识活动的结果，尤其是阅读敏感期和思维敏感期更是如此。当孩子抱着书本津津有味地阅读，当孩子询问一个又一个的问题，父母能够真切地感觉到孩子自我意识的爆发。

记忆也是孩子意识爆发的标志。孩子基本上记不起来3岁之前的事情，而过了3岁，孩子有了意识，也有了记忆能力，进而有了人格的萌芽。

在3岁前，孩子更多是在本能的基础上建立起各项基本能力；3岁后，孩子的各项能力得到进一步发展，并投入到实践之中。

3－6岁，在意识的引导下，孩子已经能够主动对周围的环境进行观察和研究，开始进入认知和创造的阶段。在前一段所积累的潜在能力也展现出来。孩子开始有意识地去选择自己喜爱的事物，有意识地去参加自己感兴趣的活动。孩子受大脑支配的小手，开始去做充满人类特有的智慧活动，并积累成长的经验。

如果说在前一个阶段，孩子只是在本能的驱使下，被动地感知周围的事物。那么到了这个阶段，孩子已经能够发挥自己的意愿来表达或者做事，开始自主决定。这一点在语言上表现得最为明显。

孩子的语言敏感期会从2岁一直持续到6岁左右，正好跨越两个阶段。在3岁之前，孩子一般说一些简单的词语，来表达自己的生理需求。在3岁之后，孩子进入第二个语言敏感期，这个阶段孩子的语言能力大为提升，不仅能说词语，还能说合乎语法和逻辑的句子，并懂得用这些句子来表达自己的想法。

由此可见，这一阶段是孩子敏感期最为重要的时期，孩子的各项基本能力都是在这个阶段走向成熟。同时孩子对周围环境的感知也达到了顶峰。此时，父母要尊重孩子的行为能力，发挥他们天生的学习和探索潜能，为孩子准备良好的学习环境，鼓励孩子自由探索、勇敢尝试，帮助孩子快速成长。

6－9岁稳固发展的后敏感期阶段

通常意义上来说，6－9岁的孩子已经过了敏感期，但是文化敏感期还是能延续到9岁左右，也俗称后敏感期阶段。孩子敏感期的划分只是相对而言，年龄界限也不是绝对的。据研究，某些孩子的敏感期会来得晚些，甚至会延续到12岁。所以这里就对6－9岁的后敏感期阶段进行简要介绍，以后章节不再专门论述。

此阶段，孩子的各项能力已经基本完善，借助这些能力，孩子对世界的认识进入稳步发展阶段。

这一阶段，孩子在精神上显得比较平稳，处于一个健康、积极而稳定的阶段。此时的孩子，既显得天真、淳朴，又冷静、善思，不断地去认识世界，充实自己。这一点在孩子的文化敏感期上表现得非常明显。相较前一个阶段，孩子的思维能力更进一步，不仅会学习，他还会主动而深入地分析思考看到的内容。

同样是一本故事书，前一个阶段的孩子往往满足于充满童趣的故事，这一阶段的孩子则学会去分析故事，经常会问“王后为什么要赶走白雪公主呢”诸如此类的问题。孩子还有了初步的善恶判断和普遍的情感，这一点看孩子对故事的投入就知道了。此时的孩子已经不仅仅满足于有趣的情节，而是更喜欢那些鲜明的人物和人物背后所代表的力量。当孩子在游戏中，把看到的故事表演出来（几乎所有的孩子都这么做过）时，就会发现孩子的关注点发生了很大转移。

这时的孩子，独立意识也开始觉醒。当孩子感受到成人过多的干预，感觉到自己的空间被管制时，就会通过语言、发脾气等方式进行抗议。孩子的这些行为，实际上是他们在进行自我保护。此时，也有人称孩子进入了执拗敏感期，但是此时的孩子大多较平稳快乐，执拗只是少数情况。尽管如此，父母也要对孩子有耐心，学习理解孩子的需要。

敏感期发展阶段是动态的，并不是绝对的。由于个体不同，孩子在敏感期的表现上也会有一些差异。如语言敏感期，有的孩子出现很早，大约1岁半左右就能够说话；有的孩子则比较晚，3岁左右才学会说话。此外，不同的敏感期本身的时间界定也是有弹性的，每段敏感期在不同个体上延续的时间也有所不同。

即使孩子错过了某一敏感期，也是可以弥补的。这个弥补过程需要各种条件，更需要父母和老师共同营造爱与自由的环境。父母要为孩子重建失去的敏感期的环境，为孩子的身体和大脑提供刺激性的“工作条件”，让他重回成长正轨。在父母爱的关怀下，孩子被压制的某一敏感期很可能会被重新释放出来。孩子在自由中也逐渐打开心智，再次发展未能得到及时开发的能力。

第2章

儿童敏感期的9大表现

感官敏感——环境对孩子非常重要

感官就是人体接受外界事物刺激的器官，包括眼、耳、鼻、舌、身等。感官是孩子出生后，认识世界的第一途径。孩子从出生那一刻起，就学会了借助听觉、视觉、味觉、触觉等方式来感知周围的环境。

新生婴儿认识世界的手段很单一，尤其是通过大脑思维能力认识世界的能力就更是匮乏。所以，感官认识就显得非常重要。实际上，通过感官的感知活动也是孩子所有认识活动的开端。

感官敏感期是孩子的第一敏感期，能够从0岁一直持续到6岁左右。

在3岁之前，尽管孩子的各项能力尤其是大脑思维能力处于萌芽状态。但是，孩子的大脑里有一种内在的创造性力量。正是这种力量，让孩子通过“吸收性的心灵”直接对周围的刺激和知识加以吸收。我们能够看到，3岁之前的孩子特别渴望去接触新世界。

3－6岁的孩子进入了一个新时期。这时孩子的感官已经逐步完善，各项感觉能力也已成熟，同时初步的思维能力让孩子开始学会控制自己的感知行为。现阶段，孩子已经开始进行全面的自我教育，按照自己的想法去探索。如果说0－3岁孩子的感官敏感还是被动式的，那么，3－6岁的孩子的感官敏感就是主动式的。父母在这个阶段的最重要任务，就是引导孩子如何运用敏锐的感知能力去发现世界，认识世界。

感官对智力发展的重要性

感官不仅是孩子认识世界的窗口，还是发展孩子智力的“金钥匙”。在感知发展的基础上，使孩子的记忆、思维等高级心理机制得以发展。孩子通过感官收集到各种信息，只有信息收集得越充分，孩子的大脑才能有更多的“材料”进行加工。当孩子能够运用记忆、思维、现象等更高级的认知活动去处理感官收集的信息时，智慧就产生了。

很显然，孩子的感觉能力越强，思维和想象的对象也就越丰富，智力发展的空间也就越大。因此，在孩子出生后，父母就应该通过多种手段来为孩子带来更多感官刺激，促进孩子感知能力的发展，引导孩子去认识和探索周围的世界。

感官是人和周围环境沟通的桥梁，孩子更是如此。孩子的大脑凭借感官经验，日益具有敏锐的辨别力。孩子通过感官获得了一系列生动鲜明的形象，感受到一个五彩缤纷的世界。孩子用满怀激情的目光好奇地探索着周围的一切；用活泼的小手触摸周围的事物；用小小的耳朵聆听多样的声音……

正是对世界不断地感知，让孩子拥有一颗强烈的好奇心，并在孩子体内转化成一种惊人的力量。在这种力量的支撑下，孩子的心智活动逐步开展，不断地实现自我超越。

听觉敏感期：寻找温暖的声音

在所有的感觉中，听觉发育得最早，从胎儿时期就已经开始了。如果这个时期父母能够进行良好的胎教，那么孩子在很小的时候就能辨别出各种声音。

尽管这个世界的声音缤纷复杂，各种不同的声音都会传入孩子的耳朵里，但是这么多的声音却把孩子搞得晕头转向。事实上，孩子对声音的敏感能够像成人一样，准确无误地判断出自己需要的声音。孩子对奶瓶的声响、爸爸妈妈的说话声、舒缓的音乐都能做出很明显地反应，因为这些都是他们所需要的。

孩子内在的敏感性能让他们在众多声音中筛选出需要的声音并加以吸取。父母不要以自己的想法去判断孩子对声音的感受，尤其不要向孩子提供那些过于激烈的声音，比如摇滚乐。像摇滚之类的声音，尽管年轻父母会很喜欢，但是孩子不能接受，这些粗狂的声音只会让他们感到恐惧。

对孩子来说，他们需要在他们的世界里，找到温暖和安全，所以对奶瓶的声音和父母的说话声才会非常敏感。孩子对大自然的声音也非常敏感，因为这些声音就像阳光一样能带给他们温暖。

视觉敏感期：孩子眼中的独特世界

一般情况下，孩子在出生后几个小时内就会睁开眼睛。0－3岁，孩子的视觉从黑白到彩色，从平面到立体，一步步完善起来。

视觉是人各项感觉中最活跃的。据统计，人们接收的各种信息中80%以上都是通过视觉获得的。视觉在孩子认识世界的过程中，也起着非常重要的作用。随着年龄的增长，孩子看到了许多事物，获得了各种观察体验。

和父母注重整体不同，孩子看事物反而更加注意细节，孩子通常会全神贯注地注视着父母不在意的事物。孩子是积极的观察者，在每个年龄段，孩子以他独特的视角从环境中获得感知印象。

味觉敏感期：感知世界的味道

味觉敏感期是指孩子通过味道来认识世界的阶段，从而建构完善自己的大脑。当父母给孩子吃东西时，经常发现孩子会打开所有的食品包，吃一口扔掉，再吃另外一种，孩子的这种“浪费”其实就是在不停地感知各种东西的味道。

我们很难明白这些味道究竟给幼儿带来了什么感觉。但是，我们可以惊奇地发现，孩子很快就对各种味道形成了自己的判断，仅仅 1 岁左右的孩子就知道躲开“苦”味的东西。正是通过味觉，孩子和这个世界建立起了密切的关系。

触觉敏感期：摸出全新的世界

当孩子发现自己小手能够抓握的时候，他们就迫不及待地把看到的一切东西都抓到手里。当孩子第一次向外界物体伸出小手时，对世界的探索就开始了。0 – 2 岁的孩子的触觉最为敏感，身体的各个部位尤其前额、口、手、足底、皮肤等部位都有高度的敏感性。

据研究，当胎儿被子宫内温暖的软组织和羊水包围时，就开始有了触觉。所以当孩子出生以后，仍然习惯于温暖的怀抱。

虽然幼儿用嘴来品尝味道和用口来认识世界是两个截然不同的概念，但都是通过嘴来认识世界的方式。当孩子抱着自己的脚啃的时候，父母会觉得非常有趣。对几个月大的婴儿来说，嘴巴是帮助他们认识自己身体、探索周围世界的重要工具。当婴儿的小手有了抓握能力后，就会把抓到的所有物品放到嘴巴“尝一尝”。正是在这一过程中，孩子有了“软”与“硬”这样抽象的概念。

孩子通过触觉对温度、硬度、物体的质地等形成了初步的认识，也有了冷热、疼痛的感觉。孩子正是通过触觉，并和其他感观协同活动，认识了周围的世界。

嗅觉敏感期：闻出鲜活的世界

孩子从刚出生起就具有了一定的嗅觉，最明显的就是能识别妈妈身上的气味。孩子刚出生一周内就能分辨出母乳的香味，从此，孩子的嗅觉就开始了。孩子最初的嗅觉绝大部分是建立在食物基础上的，新生儿从母乳开始，辨别各种不同的气味，这也有助于孩子接受不同的食物。父母可以通过为孩子提供不同味道和气味的多种食品，来培养孩子对味道的辨别力。

父母还可以有意识地带孩子去闻大自然的味道。在空气清新的公园，不仅能够让孩子锻炼嗅觉，还能让孩子更畅快地呼吸。研究显示，经由鼻子来呼吸，还能提高大脑对气味的灵敏度。

0－6岁的孩子，正处于各种感觉的敏感期，尤其是0－3岁更为关键。在这一时期，如果孩子的感觉刺激不够充分，不仅不能形成正常的感觉能力，而且，由于孩子通过感官收集的信息不足，还会影响到孩子大脑的发育。一旦孩子错过这个敏感期，不仅难以弥补，甚至会造成某些基本能力的永久受损。因此，从孩子出生之日起，父母就要重视对孩子的感官敏感（听觉敏感在胎教的时候就更应该进行）。父母应该通过多种手段来促进孩子感觉的发展，引导孩子通过感觉发展智慧，更好地认识周围的世界。

语言敏感——神奇的沟通能力

语言是人与人之间传递信息、沟通思想最重要的手段。在人的各项智能中，语言能力位于第一位。实际上，语言文字也是人类文明最根本的标志。语言发育还是智力发育的起点和基础。

许多家长都会把“孩子说话了没有”当作孩子成长发育的标志，听到孩子说话，甚至比看到孩子走路更显得兴奋。其实，孩子从出生那一刻起，就开始用哭、笑或做出简单的肢体动作等方式不停地向父母表达自己的感受和需求。虽然孩子通过这些简单的方式“说”了一切，但显然无法“说”得很清楚，直到孩子能够具有语言表达的能力，父母才有了更直接的方式去理解孩子。

在孩子还不会说话的时候，每天都可以很认真地听父母说话的内容。在他们还没有开口说话之前，无形之中就已经积累了相当惊人的理解能力，学会说话也就是顺理成章的事情。但是，孩子的语言能力并非天生，既要有发声器官、神经系统等物理基础，还要有生活经验、外在语言的刺激。科学研究表明，孩子大脑中预存有语言潜能，只要给予适当的刺激，就能激发出来。虽然每个孩子的语言发展的过程有所差异，但是，父母如果在孩子的语言敏感期能够适时地给予引导，加上孩子本身的潜能，孩子的语言能力就能够得到迅速发展。

语言发展有几个关键期

孩子从出生到掌握语言，一般需要 3～4 年的时间。其中，最关键的就是 2－4 岁，这一时期是孩子学会说话的起始期也是关键期，这一时期孩子养成的语言习惯最容易长期保持下去。孩子语言能力发展是一个不断进步与巩固的时期，呈现出鲜明的阶段性。

语言准备期（1－3 岁）：即语言的预备阶段。从出生的第 12 个月到 18 个月是语言发育第一期“单词句阶段”。这个时期的幼儿逐渐学会了用简单的词汇来表达自己的意思，并会用手势、表情等方式辅助表达自己的意愿。从第 18 个月到第 24 个月是语言发育第二期“多词句阶段”。这个时期孩子的词汇量迅速增加，已经能够用简单短语来表达自己的意思。从 24 个月到

36个月是语言发育第三期“简单句阶段”。这个时期的孩子语言逻辑性有了一定发展，已经能够说一些简单的句子。

语言完备期（3-6岁）：即复合句过渡阶段。这个时期的孩子不仅掌握了大量的词汇，还学会了词汇的组合方式，掌握了组词成句的基本规律。这时期的孩子已经能够用比较完整的语句来表达自己的意愿及内心的想法。但是在孩子的语言中，短语和简单句仍占有一定的比例。

语言巩固期（6-9岁）：即高级语言应用阶段。上一个阶段孩子已经掌握了基本的语言能力，此阶段的孩子已经进入学龄，开始大规模应用语言。这个阶段的孩子，已经能够自由组合语言，表达能力有了很大提升，随着年龄增加，复合句已经能够运用自如。严格意义来说，这个时期的孩子已经不再是通常意义上所说的敏感期，他们语言能力的提升主要是靠主动学习，家长的话语、书本、音乐、广播等都是他们学习语言的途径。

孩子起先是咿呀学语式地练习，接着就能说出“妈妈”“爸爸”之类的词语，通常这也是我们听到的孩子的最早语言。当孩子经过“词—短语—短句—复合句”这几个阶段，我们就会发现孩子的语言能力一步步发展起来了。在这个过程中，我们发现语言模仿和重复在孩子语言学习中有着重要地位。

晚上，2岁的琳琳正在客厅玩耍，爸爸在电脑前加班工作。突然琳琳大喊着：“爸爸！爸爸！”爸爸听到后，以为出了什么事，“哎”了一声答应着就马上跑到客厅，结果，他看到琳琳好端端地坐在地板上，正玩得不亦乐乎。爸爸疑惑地问：“宝贝，怎么了？”然而琳琳只是看着爸爸笑，什么也没说。

看到琳琳没什么事，爸爸赶紧回去工作。不一会儿，琳琳又大喊：“爸爸！爸爸！”爸爸又是一边答应着一边跑到琳琳身边，结果，琳琳还是像刚才一样对着爸爸憨笑，什么事也没有。爸爸又回到去工作，过了几分钟，琳琳又喊了起来……

很多父母都遇到过这样的情况，孩子在 2 岁左右时总是喜欢重复某些词语，尤其是“爸爸”“妈妈”这样的词汇。当孩子发现自己喊“爸爸”或“妈妈”的时候，就会得到父母积极的回应，这让他们感到高兴，也逐渐认识到语言是有力量的。因此他就不断地喊，反复感受这种喜悦。所以说，当孩子一遍一遍喊自己时，父母不要以为孩子在淘气，这是孩子在语言敏感期的正常表现。我们不应该阻止孩子的“重复”行为，而应和他们一起玩这种一应一答的游戏。

语言在幼儿的认识和思维过程中也发挥着重要作用。语言和思维之间有着密切的关系，语言本身就是思维能力的一种表现，语言不是空洞的声音，而是具有一定意义的表达方式，其所蕴含的意义正是思维的内容或结果。反过来说，思维的水平也影响着语言水平。正是在语言和思维的互动过程中，孩子的聪明才智得到了发展。

孩子对事物的认识、思维和记忆都受语言的影响，我们经常会看到孩子一边做事一边喃喃自语，其实，这是他们用语言来对自己获得的认识进行强化。语言不仅指导孩子去认识事物，还能通过“自言自语”再现思维过程，进而制定行动顺序和过程。从这个意义上说，正是语言让孩子的认识加深。

如果错过语言发展关键期，孩子很可能会出现语言障碍，或形成不良的语言习惯。幼儿时期是语言发展的关键期，这已经被心理学和教育实践所证实。幼儿各方面的语言能力在迅速发展，词汇、语法、句子等在迅速丰富。在此阶段，如果给幼儿丰富的语言刺激，幼儿的语言发展就可能取得长足的进步。

动作敏感——“走”向世界的冲动

孩子在1岁左右就进入了动作敏感期，大约持续到3岁。孩子的动作敏感期一般包括身体运动和手的动作两大领域。身体运动敏感期通常在1－2岁，以走路为代表。一旦孩子学会了走路，就进入了最活泼好动的时期。手的敏感期一般在1－3岁，在这个时期，孩子通过手来获取各种信息，当父母把手指放到孩子的手心里，他就会立即抓住。当孩子的大脑初步发育后，手部的各种动作就有了更强的认知目的，此时强调孩子的手部练习，不仅能训练他的动手能力，还能帮助智力发育。

当孩子处于动作敏感期时，会特别喜欢走路，并且不喜欢大人搀扶，想要自己走，去自己想去的任何地方，这也是孩子自由天性的一种表现。伴随着走路，孩子“动手”的能力也在不断发展，走到哪里，手就抓到哪里。此时，父母不要因为孩子好动、吵闹就对孩子加以制止，而是要鼓励孩子去发现、去探索。父母对孩子要有耐心，观察孩子在活动时所需要的帮助，并及时给予孩子帮助，促进孩子健康全面发展。

父母为孩子提供一个安全的环境非常重要，由于孩子的认知能力还处于起始阶段，对事物的判断力有限，分辨不出危险所在。一个安全的环境是孩子活动的保证，对处于动作敏感期的孩子来说，父母的看护很重要。

孩子的整体动作和精细动作

孩子的动作可以按整体和精细来划分。孩子动作的发育过程，呈现从整体、粗糙到分化、精细的趋势。整体动作和精细动作都属于孩子的动作技能，都需要身体肌肉支撑。整体动作是指全身的较大幅度的动作，如爬、跑、跳等；精细动作则是较小的动作，且多体现在手的灵巧度方面。

总体而言，孩子的整体性动作相对简单；精细动作则就复杂得多，也是孩子在智力性动作的真正体现，精细动作对孩子智力发育的影响是其他方面不能替代的。

如果说孩子的整体性动作主要靠自发学习就能获得，那精细动作就需要父母更多的指导才能养成。精细动作主要指手的各种灵巧动作，如抓握、捏取、剪贴、折叠及更高层次的临摹、书写等。在精细动作中还涉及手眼的协调能力。

剪贴、折叠、书写这类动作，显然要求更高，也是孩子在大脑思维指导下认识事物的表现。手部动作在孩子智力发展过程中非常重要，孩子通过手部精细动作，能够逐步认识到事物之间的联系，对事物的内在属性和功能也有了深入的了解。这些精细动作能促进孩子知觉和具体思维发展，并能为孩子以后用餐具吃饭、握笔绘画、读书写字以及使用简单的工具打下坚实的基础。

整体动作和精细动作也是紧密配合的。因为绝大多数的活动都需要同时协调身体各个部位的运动，即这两种动作实际上是联系在一起的。在孩子 3 个月左右的时候，很多父母会发现这一现象：孩子躺在床上喜欢把双手放在胸前（整体大动作），然后很高兴地玩手指（精细动作）。等孩子能够堆积木的时候，也需要先用整体动作来保持身体平衡，然后再用精细动作来不断转动或调换，摆出不同的造型。

动作训练要符合成长规律

当孩子 3 岁左右，有了初步的认知能力后，很多父母开始对孩子进行动作训练，但往往缺乏耐性，总是希望孩子能做超越他年龄阶段的事，这只会给孩子带来伤害。

其实在这之前，父母的急躁心理就已经开始显现了，孩子刚刚几个月大的时候，很多父母就拖着孩子柔弱的身体在地面上移动，以为已经可以让孩子学习走路了。实际上，这个时候孩子的双脚还不能支撑身体的重量，学走路对孩子成长并不利。等孩子神经系统有了一定发展、下肢力量有了增长，就能够自己站起来，学习走路是一件很自然的事情。

孩子的身体有自己年龄段独有的特点。比如孩子经常向后弯腰或者向前踢腿，这就是他们下肢短小的缘故。小孩子喜欢爬行，也是因为腿太短，爬行更适合他们。如果父母强行改变孩子这些自然状态，要求孩子跟上他们的步伐显然是不可取的。

而当孩子具有一定能力之后，想凭借自己天性进行自我锻炼的时候，父母却又反过来阻止。当孩子学会走路后，总是喜欢去拿一些较重的东西，甚至帮助父母提东西，如果不给孩子，他们会不高兴甚至哭闹。孩子的这种“负重”练习也是成长规律使然。孩子推箱子、抱着一瓶子水跑来跑去，显得那么快乐，所以，父母不应该阻止。

孩子对运动的敏感，让他们总是闲不下来，或不停地跑来跑去，或扔这扔那，被父母认为任性调皮。实际上，孩子闲不下来，是他们在不停地探索。家长不应该把孩子按到床上或者把他们关在房子里，以图让孩子“安静”下来，这不符合他们的成长规律。

在孩子的动作敏感期，父母应该看到孩子是有能力的个体，他们会循着自然成长法则，不断通过自己的动作练习让自己获得各种能力。孩子是天生的学习者，要鼓励孩子去探索、勇敢尝试，当孩子释放出自己的天性，成长也就是水到渠成的事情。

秩序敏感——孩子的哭闹，有时很简单

在孩子的成长过程中，会突然出现对周围环境极端敏感的时期。周围任何细微的变动都会引起孩子的不快，甚至让他们大哭大闹，这个时期就是秩序敏感期。在这一时期，孩子对物品摆放的位置有特殊要求，做事也有固定的程序要求，不允许被打乱。当然在这个时期，孩子也逐步获得对物体空间摆放的认识，开始适应各种生活习惯。在秩序敏感期初期，孩子很可能会因为无法适应环境的变化而无所适从，但是当孩子将自己的内在秩序调整到与周围环境相适应的时候，孩子的智力也在不断发展。

按照蒙台梭利的观点，孩子有两重秩序感：内在的秩序感和外部的秩序感。内在的秩序感让孩子意识到自己身体不同部位的相对位置和相应的用途；外部的秩序感则让孩子对周围世界存在的各种秩序和关系形成认识。

因此，可以简单地说，孩子的秩序敏感期就是一个对自我和周围世界不断适应的过程。这一点很容易理解。每个人都是一个生命体，本身就按照一定的生理机能才得以运转，在有秩序的生命体基础上产生心理活动、认知活动和具体行为，如果没有一定的秩序性，那是无法想象的。

身处秩序敏感期的孩子，正在有意识或无意识地逐步面对和融入陌生的世界。只有一定的秩序才能让孩子感觉到安全，也只有在这种秩序中，孩子才能确定自己的位置，从而专注于自己的发展。

当环境发生变化的时候，孩子需要时间来慢慢地理解这种变化，逐渐认识到周围世界的面貌。孩子是脆弱的，他们的执拗表现实际上是一种自我保护机制，父母要学会理解孩子、尊重孩子、保护孩子，并尽可能地协助孩

子。

巨大的世界一下子向孩子传递了太多信息，而环境的变化又将这些信息再次放大。对于认识能力有限的孩子，外部环境的变化，无疑改变了他们刚形成的简单认识，带给他们危险的感觉，手足无措的他们只能用激烈的反应来回应这种变化。

孩子在秩序敏感期的表现

刚出生的孩子就对秩序产生了极微弱的反应，比如妈妈情绪失控引起的表情变化会引起孩子的不安。3个月左右的孩子就已经慢慢学会观察周围的环境：四面墙壁、天花板、吊灯……并对这些东西形成一定秩序，一旦发生巨大变化，孩子就会变得不安。即使看到比例匀称的图案或人脸，孩子也会露出笑脸，因为这也代表着某种秩序性。

6个月左右的孩子，对熟悉环境里突然增加的东西往往表现出烦躁不安甚至哭闹，一些成人注意不到的小细节也会让孩子焦虑。当然，1岁之前的孩子主要还是对自己的内在秩序感兴趣，他们通过拍手、啃脚等来感知自己的身体，直到对自己形成初步认识。

1－3岁的孩子由内在的秩序感逐渐转向外部的秩序感。对物品摆设的位置、各种动作的顺序、周围的人物等有着近乎“极端”的要求，稍有变化就会感到不安焦虑，甚至歇斯底里地哭闹。很多父母都对孩子激烈的反应感到难以理解，甚至简单地认为孩子是在任性胡闹，而对孩子大声呵斥，结果情况变得更糟。这些父母没有意识到，孩子的反应不过是因为他们对周围的变化感觉到不安罢了。

有一天吃晚饭，劳累了一天的爸爸实在太累了，就先坐到靠墙的一把椅子上一边休息一边等待开饭，而这把椅子平时是奶奶坐的。2岁的小云云看到了，怎么也不肯像平常那样高高兴兴上桌吃饭。妈妈温和地劝说道：“你的小勺子、小碗都准备好了，快来吃饭吧。”

小云云不吱声，哼哼唧唧就开始哭起来。这时，她奶奶似乎明白了什么，摸着小云云的脑袋问：“是不是爸爸坐在了奶奶的椅子上？”小云云点点头。等爸爸坐回到自己的位置，小云云才停止了哭闹，又高高兴兴地来吃饭。

3－4岁的孩子，在追求秩序上进入了一个新的阶段——完美的关键期。此时的他们已经有了一定认知，潜意识里觉得拥有秩序才是完美和正确的。可是，对于很多父母来说，孩子的执拗甚至到了“难以忍受”的地步。而实际上这不过是孩子对于父母所教授的规则严格执行罢了。此时的孩子会有一种要求：无论在何时何地，自己遵守的规则父母必须要遵守，甚至人人都要遵守。而且孩子还逐渐从规则的服从者变成规则的制定者，并将各种规则内化到生活中。

等孩子到了5岁之后，对秩序的理解越来越深入，对具有美感的东西也越来越关注，即孩子进入了“秩序美感”阶段。此时的孩子已经不像之前那么执拗，但对美的要求更高了，像色彩、比例、形象、搭配这些美的基本要素已经成为他们认知的一部分。如果父母粗暴地干预孩子的这种对“秩序美感”的认识，则会引起孩子的反感。

秩序感让孩子形成正确认识

对于孩子来讲，秩序是生命的一种需要，也是他们认识世界的开始。孩子不可能像成人一样那么精细、变通地面对世界，秩序是他们维持自己对世界看法最基本的手段。当孩子的秩序感得到满足时，就会产生一种快乐，意味着他们对世界的认识得到了尊重。

秩序感是个体生命对道德和社会基础性的感觉认识，也是孩子道德、行为的源泉，更是孩子建构内在心灵的开始。幼年时期形成的秩序感某种程度上决定了孩子未来的发展方向。秩序敏感期的孩子已经开始关注和认识周围世界的运行规则，并按照他们的理解来应对周围的世界。

道德是人与人、人与物之间建立的各种规则中最重要的部分。对外的秩序感为孩子发展道德意识奠定了基础。在秩序敏感期，外界通过生活的方方面面，将基本行为准则和道德规范渗透到孩子的意识中，这标志着孩子道德的萌芽。

秩序感还是孩子形成各种品格的基础。孩子在有秩序的环境中长大，就会成长为有秩序的社会人，并在这样的社会里形成独立意识、契约精神、规则意识。正是在人人都遵守秩序的情况下，人和人之间才有了尊严，有了自我的尊重和约束。

人的智力不是凭空产生的，在人的思维发展的最初阶段，智慧存在着一种基本的结构秩序关系。秩序感会极大地刺激孩子的思维发展，让孩子学会初步的思考和进行逻辑推演。如果孩子在秩序敏感期能够获得良好的秩序感，会很容易形成分类、序列、推演、联系等具体的思维形式，为孩子的智力发展打下基础。

正确对待孩子的秩序敏感期

秩序感是孩子的一种神奇能力，也是其成长规则的一种表现。如果孩子的成长环境阻碍了其秩序感的正常发展，孩子就会因为无秩序的混乱变得烦躁不安。父母需要理解并正确对待孩子秩序感的发展。

父母应该端正对秩序敏感期的认识，不要简单地认为孩子是在执拗，而是要意识到秩序是孩子的某种心理发育特点。面对孩子出现的种种看似不可理喻的执拗行为，父母要试着去了解孩子行为背后的原因。一旦理解了，会发现绝大多数情况下孩子的执拗都是为了满足其某种需要。父母要接纳并理解孩子的情绪，顺应其秩序感发展的需要。即使孩子发脾气也要通过拥抱、转移注意力、讲简单道理等方式来安抚孩子的情绪。要知道弱小的孩子不可能有更好的方式来表达自己的需求，如果父母滥用权威去“镇压”，只会造成孩子秩序感混乱和心灵受到伤害。

孩子会因为秩序而感到快乐，也会因为秩序错乱而发脾气，保持一定的秩序对孩子来说非常重要。对于秩序敏感期的孩子来说，他们会要求把物品回归原位，会为父母闯红绿灯而感到生气……如果大人不理解孩子对秩序的要求，就会让孩子产生强烈的心理冲突，不利于孩子形成正确的认识。

秩序感是孩子的一种内在需要，当它得到满足时，孩子就会感觉到快乐。秩序感让孩子逐步去认识环境和适应环境。秩序的破坏会让孩子产生思维的混乱、感觉的混乱，并最终造成情绪和心理失衡。一旦周围的环境变得秩序混乱，孩子就不得不花费精力去对抗。我们要尊重孩子对环境的秩序感，当孩子乐于去维持一定秩序的时候，父母不妨满足他们的需求，因为这样会带给孩子快乐，也有利于孩子形成正确的认识。

细微事物敏感——孩子比成人更爱探索

孩子的视野和成人的视野不同。成人在思维的作用下，更习惯以宏观的眼光看世界，更注重事物的功用；而孩子由于认知所限，更注重那些被成人忽视的小细节，尤其是对微小事物有无差别显得更感兴趣。

心理学研究发现：孩子是通过简单图式发展来逐步认识外在世界的。墙角的小草、衣服上的花纹、地上飘动的碎纸屑等都能引起孩子巨大的兴趣。

成人常常会忽略周围环境中的微小事物，这些没有功用的事物早已不能引起成人的兴趣，但是孩子却喜欢探索其中的奥秘，实际上观察细小事物正是孩子观察和认识世界最明显的表现。

蒙台梭利曾说过："孩子对于细小事物的观察和热爱，是对无暇顾及环境细节的成年人的一种弥补。"如果说成人是通过自己的知识和大脑有选择、功利性地认识世界，孩子则用自己的亲身经历将环境内化到自己的认识之中。这使孩子的认识充满了创造力，与感觉已经麻木的成人形成了鲜明的对比。处于对细微事物敏感期的孩子，身体的每一个部位都蕴藏着巨大的能量，督促他们去观察世界。当孩子有观察细微事物行为时，父母不要因为怕脏或者其他原因进行阻止，要积极引导他们，帮助他们养成敏锐的观察力。如果这个时候能够对孩子进行合理引导，既能够锻炼孩子的身体协调能力，还能增长孩子的智慧，又能够让孩子养成认真、细心的好习惯。

细微事物敏感期出现的时间

当孩子捡小石块、揪草叶、捡碎纸屑的时候；当孩子拿着毛线团满院子玩耍的时候；当孩子遍地捡拾烟头（甚至还学着成人往嘴里塞）、沾满泥巴小树枝的时候；当孩子不厌其烦地去抠各种小洞的时候，就说明他们已经进入对细微事物的敏感期了。

一般来讲，从 1 岁半到 2 岁，孩子开始陆续进入细微事物敏感期。但不同的个体之间可能会存在较大差异，这很大程度上取决于孩子什么时候学会走路。因为只有孩子学会走路，他的活动范围才大为增加，也能更自主地选择自己感兴趣的事物。这一敏感期一直会持续到 4 岁左右，如果对孩子的引导得当，还可能更长，而且孩子也会将关注的重点转移到那些更具知识性的事物上。

孩子的眼睛、手、嘴、鼻子等身体部位都蕴藏着巨大的探索力量，这一时期也是培养他观察力的最佳时期。孩子在室外会关注蚂蚁、小豆子、小花瓣、小石子等东西，在室内则会关注小线头、头发丝、墙角的瓷砖等。一旦观察成为了习惯，我们会发现，孩子的能力增长得非常快。

下雨后，小区的梧桐树下冒出了许多蚂蚁。2岁的小琪琪看到后，就捡起小树枝拨弄这些蚂蚁，弄了一身泥。等那些蚂蚁爬到小路上的时候，小琪琪又捡了一些小石块，给蚂蚁设置障碍，玩得不亦乐乎。

而在屋里忙碌的琪琪妈妈，发现女儿不在屋里，慌慌张张地就出门寻找。等妈妈看到蹲在地上、一身泥巴的女儿后，怒火上涌，强行把女儿带回屋子里。女儿一边哭还一边说着："蚂蚁，蚂……蚁。"等回到屋里，看着哭泣的女儿，妈妈拿出各种玩具哄她，但小琪琪就是一直哭个不停。

面对孩子对一些细微事物的痴迷，很多家长就会像琪琪妈妈一样有些受不了，第一反应往往就是阻止孩子。殊不知，正是在观察细微事物的过程中，孩子获得了体验的快乐，而且锻炼了各种能力。

让孩子自由自在地观察

在细微事物敏感期，那些细小的事物总能给孩子带来数不尽的乐趣，孩子对细小事物的关注也是其观察能力的开始。在这个时期，父母要理解孩子，不要刻意阻止孩子对细小事物的关注，而且要学会欣赏孩子的这些观察举动，只要保证安全，就可以尽可能地给孩子充分的自由。

当孩子聚精会神观察细小事物的时候，父母最好不要去干扰孩子。因为当孩子全神贯注地观察的时候，就是他心理思维和感受的过程。如果强行打断孩子的行为，不仅会干扰孩子的思路，还会给孩子心理带来不安全感。

在这个阶段，不要以成人的眼光和思考方式来看待孩子的“探险”行为，孩子有自己内在的认识方式和历程。不要把孩子收集的“宝贝”扔掉；孩子趴在地上逗蚂蚁，不要因为“脏”而把孩子抱走；不要把在墙角看小草的孩子强行拽到屋里……

懂得利用敏感期的父母，能够对孩子进行恰当的引导。对于刚刚开始认识世界的孩子来说，大自然就是最好的老师。懂得教育的父母会为孩子提供最自然的环境，强制性地给孩子一些细小的事物并不一定会引起他们的兴趣，只有孩子自己选择的东西他们才愿意研究下去。父母最恰当的引导就是给孩子更多接触自然的机会，不要提前给孩子成人化的认识目标，让孩子自由地体验观察的乐趣。

社会规范敏感——让孩子自立自律

孩子的身体不断发育成长，同时大脑也在不断健全，思维不断成熟。等孩子2岁半左右，慢慢会显出“小大人”的样子，即进入了社会规范敏感期，这个时期一直持续到6岁左右。父母会发现，这些“小大人”可能会模仿妈妈做饭的样子，会和小伙伴玩各种“成人角色”扮演游戏……这正是孩子意识发展的表现，也是他成长的标志。此时的孩子越来越喜欢融入集体生活，喜欢和小伙伴们待在一起。

在这个时期，孩子的意识转向外界，所以是帮助孩子明白日常生活规范、教孩子学会自立、自律生活的关键时期。这一时期孩子也学会修正自己行为，使与伙伴的交往能够顺利进行。正是由于对社会规范的敏感，孩子也更关注自己在父母、伙伴眼中的形象。

社会规范敏感期的孩子有一种极力向外扩展的个性，即向别人“证明”自己。这时的孩子会主动选择自己想要做的事情，并付出极大的热情和努力去克服各种困难，然后满怀喜悦地向周围的人分享自己的小小成功。

社会规范敏感期历程

2 岁半的孩子有了更鲜明的外倾性，对群体活动更加热心，对一些社会规范的事物（比如看红绿灯过马路）表现出浓厚的兴趣。2 岁以后，孩子的自我意识也逐渐萌发，开始用自己的眼光和思考去看待外界的事物，按照自己的喜好去做事。此时的孩子会非常乐于自己去做一些事情，千万不要打压孩子的这种积极性，可以让他们主动去做穿衣、吃饭、整理玩具这些简单的活动。

随着孩子年龄的增加，3 岁后的孩子在秩序敏感期的执拗行为开始减少，逐渐对社会规范有了更多理解。

3 岁前的孩子对父母正确的要求不理解、不采纳，往往会通过哭闹的方式让父母妥协。

但到了 3 岁后，孩子已经能够听懂父母简单的劝告，逐渐理解并遵循父母的安排。这说明孩子在理解的基础上逐渐调整自己的行为，与行为规范的要求相适应。

在社会性交往方面，孩子也在不断成熟。1 岁左右的孩子以自我为中心，只能关注自己的感受。但到了 3 岁以后，孩子就开始关注同伴的行为和理解成人的指示，能够简单地交流。孩子还会出现一定的模仿行为，向成人或受人欢迎的同伴学习。在和其他伙伴交往的过程中，孩子还能学会协商、谦让、合作等多种基本的交往原则。3 岁之后的孩子，交朋友的意识也逐渐觉醒，和小朋友的交往丰富了孩子的社会行为实践。

天天和乐乐是一个幼儿园里的好朋友，天天比乐乐大一岁，像照顾自己的弟弟一样照顾着乐乐。乐乐也很喜欢和天天哥哥在一起，一会儿看不见天天，就会满幼儿园找他。天天和乐乐每天一块玩游戏、看图画书、吃饭。天天教乐乐玩具的玩法，给乐乐讲图画上的小故事，护着乐乐不被别的大孩子欺负……他俨然是个“大人”了。

天天在幼儿园非常受伙伴们欢迎，天天就把乐乐“介绍”给自己的好伙伴，有了众多小伙伴的乐乐也不总吵着找妈妈了。虽然乐乐只有两岁三个月，慢慢地也成了和天天一样的“孩子王”，和其他孩子相处融洽。天天和乐乐不仅享受到友谊的甘甜，还成为了人人夸奖的好孩子。

像天天和乐乐一样，处于社会规范敏感期的孩子有向别人敞开心扉交往的需求。一旦孩子对周围人的戒备心理消除，渴望融入集体的孩子就会大大方方地和别人交往，变得一天比一天更像个“大人”。

社会规范敏感期的教育重点

在孩子的社会规范敏感期，父母最重要的是为孩子提供宽松的生活环境和自由的交往环境，让孩子自己去做、去交往，并给予适时指导。孩子的社会性意识和经验需要孩子在具体的社会性交往中去亲自体验，所以父母应该适时协助而不是强烈干预。父母应该抓住合适的时机对孩子进行教育，有利于孩子将来遵守社会规范，拥有自立自律的生活。

父母可以利用孩子模仿的特点，通过自身的行为来为孩子做示范，或者设定一些游戏（比如孩子很喜欢换角色表演），将一些简单的行为规范教给孩子。父母也要和周围的邻居、朋友多一些交流，用实际行动给孩子带去正面的影响。父母还可以带孩子参加一些社会性活动，如聚会、参观、演出等，通过耳濡目染的方式，让孩子形成基本的社会规范认识。

对于孩子来说，任何社会交往能力都是从实际活动中获得的。他们需要在实际应用的过程中加以巩固，因此成人要有意识地为孩子创设丰富而适宜的环境。在家里，父母要多带孩子到亲戚朋友家，多让孩子和周围邻居家的孩子交往；在幼儿园，老师要鼓励小朋友之间多交往，给孩子自由的空间，并及时协调孩子之间的矛盾。

此外，父母还要给孩子一定的约束。对于一些错误行为（比如把幼儿园好玩的玩具偷偷拿回家），父母一定要温和且坚定地阻止。一般情况下，这个阶段的孩子还是很容易听从父母的引导，因为他们很在乎自己在别人眼中的形象，渴望得到周围人的肯定。父母面对孩子一些不符合规范的行为，绝对不要大动肝火。否则，容易强化他们的这些行为。其实，向孩子讲清道理并不像想象中的那么困难，一旦当孩子能够明白大人所说的话，就能够很自觉地规范自己的行为。

书写敏感——写写画画的小天才

等孩子 3 岁半左右，父母会发现，孩子喜欢上了写写画画，甚至假装在写东西来向父母“炫耀”。父母看到孩子笔下胡乱画的线条，应该由衷地感到高兴，因为孩子进入到书写敏感期，他们的学习能力显示出来了！

这里的书写不仅仅是人们通常理解的写字，还包括涂鸦、绘画。在书写敏感期，孩子先是胡乱地画些线条，然后学会画一些简单的小动物，最后能够写成完整的文字，经过这几个阶段，孩子的书写能力才会一步步培养起来。

孩子的书写能力比其他能力要晚一些，因为其意味着更高级的思维活动和更精细的动作能力，需要孩子在语言、感官、运动方面得到充分发展之后才能形成。这个年龄段的孩子基本上已进入幼儿园，需要父母和幼儿园老师共同的关注。一旦孩子的书写敏感期到来，要共同为孩子创造良好的书写环境，给予他们书写的自由。

书写敏感期历程

研究表明，孩子的书写敏感期一般在3岁半到4岁半之间。由于孩子的个体差异，有的出现得更早或者更晚些。据蒙台梭利的研究，4岁左右的孩子书写敏感最为活跃。有的孩子没有明显的书写敏感期的表现，这也是很正常的。这一点完全可以在以后的学习期得到弥补，在6岁左右基本都能赶上来。

正常情况下，4岁左右的孩子就有一定的识字、写字能力，也具有一定的绘画能力，甚至还有了初步的美感，能够看出自己写的字和画的画漂不漂亮。就写字而言，一般的常用字，孩子一天可以学习2～4个。到了6岁左右，孩子的认字、写字能力有了显著提高，此时对孩子进行系统的听说读写综合训练，对培养孩子的书写和开发孩子的智力大有裨益，也能为孩子学龄时段的学习打下坚实的基础。

从4岁开始，孩子的求知欲大为增强。在这段时间，孩子能够很快吸收消化那些具有形象感的知识信息。实际上，从出生到6岁是孩子大脑发育的最佳时期，在这个时期的学习会促进孩子大脑皮层的发育。因此，3岁左右开始读书识字能够极大地提高孩子大脑的思维能力。教学研究和实践证明，3岁是孩子自然记忆力和识别能力最强的时期，这时的孩子已经具有一定的形象思维能力，想象力也有了很大提升，能够像认识其他物品一样很自然地认识汉字。

书写敏感期教育重点

书写敏感期的出现，并不代表孩子已经有足够的能力进行书写绘画。而是说他们有了此方面的愿望，所以对于这个时期的孩子来说，让他们对书写绘画产生兴趣，要远比教给他们如何写字画画更重要。此时的孩子，小肌肉还不够强，没有能力正确地握笔，而且此时的孩子还处于形象思维阶段，很难真正理解书写的含义。因此父母和幼儿园的老师在平日里，不要强制孩子，更不要批评他们“这样写不对”“这样画错了”。这一时期，最好让孩子自己尽情地写写画画，只要他有兴趣，就随他们的想象去挥笔好了。

重视孩子的涂鸦之作非常重要。实际上在孩子 1 岁多的时候，如果给他们准备一些彩笔，他们也会拿着笔在纸上戳戳点点。一旦孩子用笔成功地在纸上留下点点，他就会大受鼓舞。画画是比写字更自然的潜能，因为孩子从涂鸦开始就可以表达自己的感受，甚至发挥自己的想象。写字则意味着需要一定的逻辑思维，是智慧发展的结果。

只要我们给孩子提供良好的书写环境，孩子的书写兴趣就会被激发出来，不过父母也要注意适可而止，因为孩子弱小的身体还不足以支撑长时间的书写。很多家长望子成龙心切，强迫孩子去写字，结果孩子的小手过于疲劳，甚至影响孩子的发育。同时，父母也没必要给孩子传授太过专业的知识（比如汉字的笔画、绘画颜色的搭配），因为孩子很难真正理解，这些知识反而会挫伤孩子的积极性。

当孩子学会书写的时候，他们是多么兴奋啊！孩子挥舞着笔，在门上、墙上、桌子上都留下了自己的涂鸦之作，甚至会把家里的汽车涂成大花脸。不过，孩子的热情是有限的，如何保持孩子的书写热情非常重要。为孩子提供丰富多彩的书写材料，是激发孩子书写热情的重要方式。不同的书写材料会带给孩子不同的体验，能够激发孩子的想象力，想象孩子拿着五彩画笔画画时候的高兴样子，我们就能够明白这一点。

阅读敏感期——让孩子畅游书的天地

在犹太民族有一个传统：孩子刚出生不久，就要把涂了蜂蜜的书捧到孩子的面前让他舔，让孩子知道书是甜的。在这个重视知识和教育的民族，这个以财富和智慧著称的民族，就是如此看中阅读。

而据研究，早慧的孩子有一个共同特点，就是喜欢阅读。美国斯坦福大学教授推孟在研究孩子早期智商发展过程中，做出了著名的斯坦福—比纳智力量表。他通过这个测量表，进行了大量调查，结果发现：有44%的天才男童和46%的天才女童在5岁之前就开始了阅读，那些阅读多的孩子心理年龄也比实际年龄高出很多。早期阅读可以让孩子增长知识、开阔眼界。正是在阅读过程中，孩子的观察力、想象力和思维力得到了迅速发展，同时也丰富了孩子的情感体验和对世界的认知。

阅读如此重要，在教育的过程中，父母和老师应该给予更多关注，尤其要抓住孩子的阅读敏感期，从一开始就培养起孩子的阅读兴趣。如果我们根据孩子的心理特点，在孩子对书产生兴趣的时候，采用多种方式有意识地加以引导，为孩子提供轻松愉快的阅读体验，从而可以提高孩子的阅读效率。

孩子的阅读兴趣即指孩子主动进行阅读活动、对书的内容进行积极探索的心理倾向。当孩子对阅读发生兴趣时，就不再满足于听家长阅读，而是渴望自己去看、去读。当然，孩子的阅读敏感期出现，也是伴随着其他能力提升的结果，也就是说在孩子手、眼、脑各方面能力协调发展下，孩子有了阅读行为。

阅读敏感期历程

同书写敏感期一样，孩子的阅读敏感期也出现较晚。一般在 3 岁半左右出现，持续到 6 岁，其中 4 岁半至 5 岁半是最活跃的时期。

3 – 4 岁的孩子就开始了阅读，不过他此时的阅读非常简单。这时期的孩子更偏爱朗朗上口的儿歌，这些儿歌有简单和欢快的节奏，孩子可以一边读一边唱，让孩子感觉到快乐。儿歌一般内容通俗易懂、简单易学，通过朗诵诗歌也能增长孩子的知识，教给孩子一定的行为规范。

4 – 5 岁的孩子已经能够欣赏一些短小、简单的诗歌，但更偏爱童话故事。这一时期的孩子理解力有了一定提升，已经能够明白童话的情节转换。童话故事生动、语言通俗易懂又偏口语化，很符合这一时期孩子的性格特点。那些图文并茂的童话书，深受 4 岁、5 岁孩子的喜爱。

5 – 6 岁孩子的记忆力和理解力有了大幅度的提升，阅读的范围也大为扩展。此时的孩子不仅能读简单的诗歌、看童话故事，还能阅读短文。这时的孩子已经懂得寓言故事背后的道理，抽象思维能力开始萌发，对于那些过于简单的图画书已经丧失了兴趣。此时的孩子马上就进入学龄，既要培养孩子的阅读能力，还要培养孩子的书写能力，为孩子今后的学习打下良好的基础。

让孩子更完美地阅读

让孩子更完美地进行阅读，最重要的还是让孩子保持对阅读的兴趣。培养孩子的阅读兴趣有很多方法。

为孩子提供支持性的阅读环境：虽然在一定的年龄，孩子会出现对阅读的兴趣，但是孩子的专注力有限，要想维持这种兴趣，就需要父母不断进行鼓励性的支持，让孩子时时感受到阅读的成就感。父母可以采用独特的暗示方式，表达对孩子阅读的赞赏。父母应该对孩子“痴迷”于书感到高兴，最好能够空出时间和孩子一起阅读，为孩子答疑解惑。父母还要尊重孩子对书的选择，凭他们自己的喜好去阅读，不要给孩子附加阅读目的和任务。

为孩子准备阅读区：专属的阅读区能够引起孩子对阅读的“重视”。在屋子里为孩子专门准备一个小书架、一张小桌子、一盏漂亮的小台灯就可以。在这个阅读区，孩子随时可以按照自己的喜好来翻阅自己喜欢的书。在专属的阅读区里，孩子也更容易安静下来，能够提高阅读效果。

为孩子选择合适的图书：为孩子选择图书时应该考虑孩子的年龄特点和心智水平，并根据孩子阅读能力的变化适时进行调整。处于阅读敏感期的孩子一般阅读能力有限，为他们选择书要遵循几个原则。第一，要选择那些形象性、故事性强的图书。书中内容应是儿童熟悉的，不要过早地为孩子提供所谓的“百科知识”类图书。第二，为孩子提供的图书种类要多样。生活故事、童话故事、儿歌、寓言故事都是不错的选择。形式上，卡片书、画册书等都必不可少。第三，为孩子准备的书要薄。让孩子很快就能读完，这样孩子内心就能产生一种成就感和愉悦感，那些很厚的书只会让孩子望而却步。

阅读为孩子提供了一扇感受生活、获取知识、了解世界的大门。虽然孩子在一定时间内表现出阅读的兴趣，但是相较其他敏感期，孩子的阅读敏感期更需要父母给予引导。一旦孩子的阅读兴趣被激发出来，就要给孩子充分的阅读自由。当孩子感觉到自己的阅读选择被尊重后，就会主动地去探索。当孩子遇到阅读障碍主动寻求帮助的时候，父母一定要耐心地解决孩子的疑惑。但千万不能代替孩子去阅读，那样反而会损害孩子的阅读能力。

文化敏感期——让孩子在文明中沐浴

人类是环境的产物，但是人类创造出了文明，正是这一点造就了人与其他生物的不同。文化是对人类文明的记录和表现。孩子从一出生就置身于人类社会，当孩子的思维和认知能力有了一定基础的时候，自然地就会对人类文化发生兴趣。文化的对象非常浩瀚，也为孩子提供了一个广大的神奇空间。

当孩子有了初步的自我意识后，就逐渐开始了对人类文化的探索和认知。文化产品汇集了人类的智慧，表现了人类无与伦比的创造力。3岁以后的孩子，有了初步的语言和思维能力，开始有了自主的认识选择，对文字、数字、科学甚至艺术都产生了极大的兴趣。

一般来说，3－9岁的孩子都处于一个主动的文化探索期，他们不再像2岁孩子那样盲目地问问题，而是针对自己的认知需要提出自己的疑问或设想。尤其是6－9岁，孩子的判断力和理解力都得到了大幅提升，求知欲和探究欲更有针对性，对文化的敏感更是活跃。

蒙台梭利在自己“儿童之家”学校的教育实践中发现，孩子对文化学习的兴趣萌芽于3岁，并在6－9岁出现探究事物的高峰。她把这一高峰期称为孩子的“文化敏感期”。

在文化敏感期，孩子的心智“就像一块肥沃的田地，准备接受大量的文化播种”。成人在这个阶段内要为孩子提供丰富的文化信息，帮助孩子学习和探索文化。这一时期孩子的思考能力大为加深，他甚至会问父母许多难以解释的本质问题。

恒恒今年4岁半了，是一个非常聪明的孩子。有一天，他突然问幼儿园的老师："为什么5加4等于9呢?"尽管老师认为恒恒应该已经学会了这么简单的加法，为了让他更明白，老师拿出9个橘子和加号板，来给他做演示。老师先放5个橘子，然后放上加号，在加号的后边再放上4个橘子。老师以为自己的演示很直观，恒恒数一数就能明白了。

然而恒恒说："我知道是9个，但是为什么那个'5'就是5个？那个'4'就是4个呢?"老师略微愣了一下，原来恒恒是不理解数学可以通过实际物体表达出来的形式，孩子以前没有注意到实际物体与符号之间的关系，现在孩子注意到了，提出了自己的疑问，这就涉及了数学的基本问题。

在文化敏感期，孩子的思维就是这么神奇，已经能够进行深入思考，这正是孩子思维独创性的体现。一旦孩子问一些独特而且很难回答的问题时，父母一定不要表现得不耐烦，因为这正是孩子迫切想了解世界的表现，父母应该呵护孩子的求知欲。

为孩子营造良好的环境

文化涉及方方面面，孩子在文化敏感期，也会涉及各方面。孩子有强烈的愿望去见识周围的世界。在这个时期，孩子需要各方面的环境条件，才能得到更广泛的知识，得到更多锻炼的机会，因此要为孩子建立有利于发挥其求知欲的环境。在丰富多彩的环境中，孩子才可以获得更多知识，各方面的能力才能得到提升。

为孩子创造民主的家庭环境：一些父母望子成龙，每天都在为如何教育孩子而殚精竭虑，然而效果并不理想。究其原因主要是这些父母习惯于说教，按照自己的想法去要求孩子，使孩子失去了自由。

孩子需要的是生动、鲜亮的生活和符合他们年龄的简单知识。那些把孩子的生活和学习安排得非常刻板枯燥的做法，只能让孩子感受到巨大的压力。为孩子营造民主和谐的家庭环境，让孩子去自由释放自己的天性，对孩子成长非常重要。

为孩子提供一个自然环境：一些父母感觉孩子进入了文化敏感期，就应该待在课桌前好好学习，结果反而严重伤害了孩子原本高涨的积极性。尽管孩子进入了文化敏感期，但他们还是习惯更直观的学习环境。大自然无疑就是这样一个环境，在自然中孩子不仅能够体验到美景，还有利于身体健康，更能很轻易学到动植物学、地理学、物理学等方面的知识。

为孩子营造科学的环境：神奇的科学世界永远都吸引着孩子的目光，为孩子提供充满科学的环境，会极大地调动孩子的探索欲。当孩子4岁、5岁时，父母就可以教孩子制作简单的玩具，让孩子初步了解机械构造原理。

孩子的好奇心是无止境的，父母还可以利用孩子的好奇心，将钟表拆开，为孩子讲解。科学馆也是绝好的去处，众多互动式的科学实验通常是孩子的最爱。

为孩子营造艺术的环境：音乐、绘画、舞蹈等都是重要的文化门类，可以根据孩子的爱好来让他们选择学习。在这个过程中，父母一定不要强迫孩子，尤其不要让孩子过早地接受专业的训练。那些枯燥的训练只会挫伤孩子的积极性，还不利于孩子的身体发育。为孩子营造艺术环境的最终目的是让孩子享受生活的快乐，接受艺术的熏陶。

为孩子提供文明积极的交往环境：如何让孩子举止得当地和别人交往是孩子成长的重要内容，也是文明社会的要求，孩子养成文明礼貌的举止主要通过“模仿”获得。当孩子置身于一个文明的交往环境中，通过学习礼貌用语、行为方式，来规范自己的行为。只有孩子在父母那里学到了基本利益和行为方式，才能在与别人的交往中将其落到实处。

父母的角色

孩子对文化的学习是一个复杂而系统的过程，需要各种环境来支撑。孩子正是在适应环境的过程中不断成长，也是在各种环境中不断学习，所以父母应该为孩子构建合适的成长环境。父母是孩子成长资源的提供者和守护者，孩子是脆弱的，需要父母为其提供坚强的后盾。

孩子的模仿能力极强，而孩子模仿最多的就是父母。有人说“孩子是父母的影子”正是这个道理。在生活中，孩子接触最多的就是父母，无论是说话还是做事，都会以父母为榜样。所以，父母应该注意自己的一言一行，想要孩子做得更好，父母一定要先做好示范。

父母不要以成人的眼光来看待孩子的行为，更不能按照成人的标准去要求孩子。孩子的成长有自己的自然规律，父母要多去观察，通过孩子的外在表现去推断孩子的兴趣所在和内在需求。在成长过程中，孩子需要的是引导，而不是强制，父母要真正通过引导来发挥孩子的自然天性。

在文化敏感期，最重要的就是不要破坏孩子在文化探索和学习上的兴趣。正是对五彩缤纷的文化世界感到好奇，让孩子拥有了巨大的动力去探索、去学习。如果能够抓住孩子的敏感期，加以利用和引导，不仅能够让孩子学会各种知识，还能提升孩子的观察力和创造力，孩子的学习能力也会随之提高。同时，通过交往和学习，孩子也能逐步养成文明的行为。父母要根据孩子敏感期的特点转换角色，为满足孩子多层次的需求还需灵活地运用和整合各种角色，优化孩子的文化敏感期，让孩子在文明中沐浴。

第3章

敏感期的早教重点

让孩子的感官更灵敏

就像前面章节所言，感官敏感期是孩子经历的第一个敏感期，也是延续时间最长的敏感期。每个人从出生开始感知这个世界，对于孩子来说，6岁之前的思维能力极为有限，感官是其认识世界的主要手段。即使是语言、阅读、音乐等更高层次的活动，也依赖于孩子的感官。在孩子学习社会规范、人类文明成果的过程中，感官也启着举足轻重的作用。

所以说，孩子感官的灵敏程度直接影响着他们各项认知能力的发展。孩子通过感官获得的信息和认知要比成人教授给他们的更多。然而，在生活中，有时候父母认识不到感官的重要性，以各种理由（比如弄脏了衣服、破坏东西）阻止孩子的小手摸东西。甚至还有一些父母错误地认为：孩子的认知力有限，让他们自已去抓握、去观察，学不到任何东西，不如父母直接给他们讲解。这种想法无疑是在剥夺孩子的感官体验。

心理学家曾经做过一个著名的实验——感觉剥夺实验。这个实验的目的就是探究感官对人的作用。在实验中，测试者被安排在实验室一张舒适的床上，不能来回走动。实验室内非常安静，听不到一点声音；没有灯光，一片漆黑，看不见任何东西。测试者双手被戴上自己脱不下来的手套，吃喝都由特殊的传送装置来完成。测试者外界的感官刺激几乎都被“剥夺”了，通过感官几乎获取不到任何信息。

几个小时后，测试者就开始表现出恐慌，进而产生幻觉……在实验室连续待了三四天后，测试者已经有了很明显的病理性心理疾病的症状：产生错觉、幻觉，思维迟钝、混乱；情绪紧张、焦虑甚至神经质，直到实验结束后一周才基本恢复正常。

由此可见，如果没有感官来获得外界刺激，人是无法生存的。正是感官提供的各种信息，成为人们感知世界、认识世界的窗口。在孩子认知的最初阶段，感官的重要作用不言而喻。

调动多种感官认识世界

在现实生活中，我们往往只注意到开发孩子的某一两个感觉器官来认识世界。父母都是爱孩子的，担心孩子受到伤害或受累，对孩子的照顾可谓无微不至。但是，父母过度的照顾，其实是在剥夺孩子感觉刺激。父母要让孩子多去接触自然，多接触周围的人，为孩子提供更多地感官刺激。

即使是面对同一事物，每个人的认识也有很大的不同。所以更应该让孩子亲身去感知，只有这样才能获得属于自己的认知体验。

比如，如果问孩子苹果是什么样的，很可能会获得五花八门的回答。苹果本身就可以通过好几种感觉器官去感知。视觉上，苹果是圆的，有红色的还有黄色的；嗅觉上，有的苹果有一种清香，有的则没有；味觉上，有的苹果是甜的，有的则是酸涩的……正是多种的感官才形成了对苹果更全面的认识。就像认识苹果一样，只有借助五大感觉器官同时去感知事物，才能形成更完善和清晰的认识。在孩子一开始认识世界的时候，尽量让他整体性地去感知和学习，只有这样，才可以避免出现巨大偏差。

打通孩子的感官通道

将视觉、听觉、触觉、嗅觉、味觉融合在一起去感知，对所认识事物的把握就越全面、丰富且深刻。所以父母尽量调动孩子尽可能多的感觉器官，为孩子提供尽可能丰富而生动的学习内容。

触觉：在孩子的感官敏感期和动作敏感期，孩子的小手总是闲不住，那就让他去尽情地触摸和抓握吧。通过小手，孩子能够形成软硬、冷暖、光滑、粗糙等多种认知。

在孩子触摸事物的时候，尽量鼓励他更形象、更细致地去感受并将其表达出来，这样还能够提高孩子的想象力和表达能力。

视觉：无论是在家还是在外，都要鼓励孩子多去观察。屋子里的桌子、家具的纹饰、街道上漂亮的路灯、川流不息的汽车、商店里琳琅满目的商品、公园和野外的花花草草、动物园里活泼可爱的动物等等，都能吸引孩子的目光。孩子对事物的好奇心超乎成人的想象，可以鼓励孩子把自己观察到的事物描述出来，这样不仅能提高孩子的想象力还有助于提升表达能力。

听觉：孩子的听觉从胎儿期就已经开始了。节奏明快的儿歌及温和简单的轻音乐都能吸引孩子的注意力。孩子总喜欢到处敲敲打打，很多孩子会拿着筷子敲碗，这就是孩子对声音敏感的表现。

味觉：小孩子总喜欢用手把能拿到的东西放进嘴里尝一尝，父母可以提供各种安全的东西让孩子去尝试和分辨味道。孩子把东西放嘴里，不仅可以品尝到味道，还能辨别事物的软硬质感。

嗅觉：孩子的嗅觉在哺乳期就开始了。几个月大的孩子就能分辨出醋味、香味，并对刺激性的气味表现出厌恶。训练孩子嗅觉的方法很多，比如孩子洗澡时用的散发各种清香的肥皂。

在教育孩子的时候，大部分父母都能注意到视觉的重要性，但往往忽视一些其他感观的培养。其实孩子不但会看，还会咬、去抓、会听，这些都是孩子的学习方式。五大感官是孩子认识和了解世界的主要途径，父母应该将其调动起来，让孩子能够综合而完善地去认识世界。

培养孩子的语言能力

语言是人类最重要的交流工具。一旦孩子学会说话，父母和孩子交流就有了更直接的方式。当孩子能够用语言表达自己的需求时，父母无疑能够更容易也更有针对性地对孩子进行培养和教育。但是，孩子的语言能力并不是天生的，而是后天学习的结果。孩子牙牙学语，就是无意识表达自己需求的表现，而当孩子能够流畅说话的时候，语言就已经内化成大脑思维的一部分。语言还和书写、阅读紧密相连，语言能力的高低直接影响孩子今后的学习和成长。

孩子学会说话，经历着倾听、理解、模仿、运用、灵活表达等一系列复杂的过程。在这个过程中，各个环节都需要父母悉心的引导，而父母的语言能力无疑对孩子的语言能力影响最深。孩子的语言能力，主要还是在模仿父母的过程中形成的，并在交流中不断完善。父母是孩子日常生活中接触最多的人，为孩子提供良好的语言环境是父母的责任。

为孩子提供良好的家庭语言环境

0－6岁的孩子在学习语言的时候，通过父母来逐步感受到语言的魅力和力量，并通过模仿来进行学习。在家庭中，每一个成人都是孩子学习的榜样，成人的语言文明在一定程度上也决定了孩子如何说话。

在那些文化素质较高的家庭中，即使孩子年龄不大，在举手投足之间也能显示出文明的气息。而在那些用语粗俗的家庭中，孩子说话也多脏话、爆粗口。语言敏感期是孩子语言习惯养成的关键阶段，一旦孩子未能在好的语言环境中养成良好的语言习惯，以后再改正就非常困难。

在家庭中，父母所需要做的就是尽量使用规范而文明的语言来指导孩子。为了提高孩子的语言表达能力，父母要丰富自己的语言，比如说“鲜艳的花朵、五颜六色的气球、洁白的云朵”等来熏陶孩子的感受和表达能力。

进入语言敏感期的孩子，通常已经进入到幼儿园，此时父母可以以其他孩子作为榜样来引导、教育孩子，让孩子学会礼貌对待他人，尊重别人的想法。这时的家庭环境依然是孩子最重要的语言环境，此时，一定要保持家庭环境和幼儿园文明环境的一致性，否则，孩子容易陷入到矛盾之中。

培养孩子语言能力的原则

仅仅为孩子提供良好的语言环境是远远不够的，父母还需要在了解孩子语言学习特点的基础上坚持正确的原则和方法。

让孩子自言自语：当孩子还不会说话的时候，已经会通过“哼哼唧唧”来自言自语。当孩子学会说话后，我们经常发现孩子独自玩耍时，一边玩一边说个不停。据心理学家研究，孩子与自己对话不仅仅是因为有趣，更是孩子思维过程的外化，通过自我对话，孩子能够更好地制定策略并调整行为方式，以便达到自己的目的。孩子自言自语，同时也是一个无意识的语言训练过程。所以，看见孩子一个人在说话时，父母不要随意打扰他，更不要笑话他。

不要轻易否定孩子的话：由于孩子的语言能力还处于初始阶段，尤其是刚开始学说话的时候，难免会有很多说不清的情况。即使父母，有时也会觉得孩子在说“外星话”，难以理解。当我们无法明白孩子的话时，父母不要急于否定或因不耐烦而置之不理，可以通过疑问句来提示孩子。如果未经问询就直接否定了孩子说的话，或者因不耐烦而对其置之不理，长此以往就会影响孩子的表达愿望，不利于孩子语言能力的提升。

孩子经常会出现一句话表达不完整或说到一半想不起来该如何表达的情况。此时，父母可以温和地进行补充，补充后的语句无疑意思更明确，可以让孩子在对话中不自觉就学会了。

据统计，大人经常有效地提示、扩充孩子的言语，孩子就能很快学会复杂的语法规则，语言表达能力也会更强。

鼓励孩子多说话：学习语言最简单有效的方法，就是经常使用它。研究发现，即使父母是聋哑人，只要孩子的听力器官正常，每周只需花5－10小时与正常人进行交谈，就能拥有基本的语言表达能力。

孩子只有去说，才能在交谈中逐步学习语言、丰富词汇和表达方式，修正自己的语言错误。当然，鼓励孩子多说话，不是说让孩子乱说话，而是说让孩子在不同的语言环境中获得更多培养语感、丰富语言的机会。

培养孩子的观察能力

在细微事物敏感期，孩子会表现出超乎成人的敏锐观察力。孩子的好奇心只有在不断地观察中才能得到满足，同时，观察也是孩子熟悉周围世界的途径。

在观察中，孩子逐渐获取知识及社会化的生活技能。同时，观察力是智力发展的基础能力，正是在敏锐的观察中，孩子智慧的火花得到了释放。

虽然孩子有着充沛的观察热情，但是缺乏稳定性。孩子的观察受情绪、个人兴趣影响很大。很少会自觉地、带有目的性地去观察一件事，而且孩子很容易频繁地更换观察对象，如果不能对其进行正确的引导，同样收不到好的观察效果。

美国哈佛大学进行的一项心理学研究实验表明：3岁左右的孩子持续观察某一事物（比如图片）的时间只有5~6分钟。随着年龄的增长，注意力会有所集中，在6岁的时候能够达到12分钟左右。但是，对于他们不感兴趣的事物，孩子的观察时间只能维持1~2分钟。

研究同时还发现，3岁左右的孩子在观察某一图形时，其眼球运动的轨迹是杂乱的，也就是说，孩子没能有效地辨认观察的对象。4－5岁的孩子眼球运动轨迹则越来越符合图形的轮廓，也就是说这一时期的孩子已经能够辨别出所观察的对象。

这个研究说明了孩子在观察事物时缺乏系统性，而且也不容易发现所观察事物的本质。这就需要父母应该在尊重孩子自由观察的基础上，给予适当的指导。

提高孩子的观察效率

孩子天生就具有好奇心，但观察却是杂乱无章的，如何提高观察的效率就需要父母的指导。让孩子在享受观察乐趣的同时，丰富他们的认知是父母指导的原则。实际上，多样的认知本身也是孩子乐趣的一大来源。

拓展孩子的好奇心：父母在培养孩子观察力的时候，最重要的就是发挥孩子的主动性。一旦孩子对某一事物表现出好奇，就意味着孩子更容易专注地进行观察。此时家长应该因势利导，引导孩子去发现没有注意到的地方，为孩子发掘新的兴趣点。在这个过程中，父母切忌粗暴地打断孩子直接向他们灌输自己的看法，而是要自然地转移孩子的注意力。一旦孩子对自己所说的内容不感兴趣，也不要强制孩子去看。

调动孩子的多种感觉器官：孩子的认识方法更多还是直观性的。在观察的过程中，孩子参与观察的器官越多，就能够获得更多的直观性认识。

父母应该引导孩子用多种感觉器官参与认识活动，如观察苹果时，不但让孩子用口尝，还要让孩子用眼睛看、用手摸，还可以让孩子对苹果和其他水果进行比较，从而对苹果的形状、颜色和味道形成全面的认识。为了做到这一点，父母应该尽量为孩子多选择一些色彩鲜明、常见的物品作为观察对象。此外，最好还可以多带孩子去五彩缤纷的大自然中，大自然中的各类动植物都是孩子热衷观察的对象。

为孩子创造更多的观察环境：孩子的观察能力需要熏陶，越丰富的环境刺激越能调动孩子的观察力。父母应该积极主动地为孩子创造更多的观察机会，可以带孩子前往动植物园、公园、商场、博物馆、科技馆等，让孩子接触更多新鲜事物。父母还可以带孩子参加各种活动，让孩子在实践活动中去观察。培养观察力的同时，还能锻炼孩子的交往能力。

遵循感知规律进行观察

观察事物的最终目的还是为了认识事物，也就是说利用人的感知能力去把握事物的表象和本质。感知是有规律的，遵循一定的规律去进行观察，能够大大提升认知效果。

强度律：浅尝辄止是观察的大忌，走马观花不能对事物形成深入而全面的认识。只有观察达到一定的强度，才能观察得清晰、准确、深入。孩子的注意力有限，因此需要父母去引导，让孩子的观察更集中、更专注。

差异律：被观察的对象与背景的反差越大、越突出，越能吸引孩子的目光，观察效果也就越好。父母想让孩子认识某些事物的时候，可以设法增加观察对象与背景之间的差异，吸引孩子主动去探索。而且由于被观察对象显得更突出，也能让孩子更专注。

对比律：对比是一种非常重要的认知方法，将两个显著不同的事物放在一起，更容易观察。因为具有对比意义的东西更能让人形成清晰的认识。对于孩子来说，对比是最简单的思维方式，通过对比，能够大大提升孩子的观察效率。

组合律：提高孩子的认知水平，就应该提高孩子整体把握事物的能力。将相互关联的事物组合起来进行观察，既能把握事物的整体情况，又能了解事物的部分细节。当孩子能够整体去认识的时候，比部分看待能够获得更多。比如，当孩子能整体去观察一件衣服时，就能对衣服的美感和用途有更深入的了解。

活动律：运动中的事物更容易吸引孩子的注意力。比如，孩子更喜欢会动的玩具，喜欢观察爬来爬去的蚂蚁。运动的事物能给孩子带来一种神奇的感受，让孩子有更高的认知积极性。

观察是孩子了解世界、获得认知的重要途径。在日常生活中，父母要尽量为孩子创造更多的观察机会，循序渐进地启发他们去观察、思考，让他们从小就养成主动观察的好习惯。一旦孩子拥有了很强的观察能力，就能促进孩子智力的快速增长，为孩子今后的学习和成长打下坚实的基础。

让孩子自然成长

所有生物的成长都有其规律，孩子的成长也不例外。当孩子刚出生时，就像一张白纸，在自然天性的指引下，这张白纸会成为一幅美图。在孩子的成长过程中，父母要做的是引导，而不是重塑。孩子有自己的成长历程，父母要尊重这种历程，不要过多干预孩子的成长天性。

然而，很多父母却总是喜欢按照自己的想法，用自己的眼光去教育孩子。成人的世界是一个精细化的社会性世界，与孩子自然性的天然世界有很大差异。孩子需要慢慢地学习，经过漫长的过程才能逐步成熟，如果父母想让孩子在超常规的环境下快速成长，只能是事与愿违，反而会对孩子造成伤害。

孩子的成长要顺应天性

美国著名教育家尼尔·波兹曼在《童年的消逝》里说："儿童的成长是有机的、自然的。因此，孩子需要避免遭受现实社会许多病态现象的污染。"波兹曼不仅看到了孩子的成长是自然的，还看到孩子对现实社会没有自己的抵抗力。实际上，孩子不但对许多病态现象无法抵抗，成人强加的教育也不得不忍受，最终造成孩子成长的扭曲。

让孩子顺应自然地去成长，早已成为教育共识。先哲们早已经给出了答案。英国社会学家洛克说："教育就是在人身上培养一些合乎天性的能力。"法国社会学家、教育家卢梭也说："教育必须顺其自然——也就是说顺应孩子的天性而为，否则必然对孩子的本性造成伤害。"早在古希腊时期，亚里士多德就明确提出了"自由教育"理论。

强调孩子的成长要顺应其天性，并不是说对孩子放任自流，也不是说对孩子的成长不闻不问。由于孩子缺乏必要的分辨力、认知力，所以需要成人尤其是父母给予适当的引导。让孩子顺应自己的天性，意思是说孩子是自己的主体，要尊重孩子的内在成长规律，只有适合孩子的天性才是最好的成长。

父母不要对孩子进行过多的干预，更不能按照自己的想法对孩子强行灌输。孩子的身心基础、思维方式、智力水平都有自己固有的特点。只有顺应孩子的这些特点，有针对性地进行教育才能取得好的结果。

不要病态地望子成龙

虽然每位父母都希望自己的孩子能够成才，但是也要基于孩子的身心条件量力而为。让孩子快乐地成长是我们教育孩子的根本目的，没有必要过分地拿自己的孩子和别人的孩子相比。很多父母总是生怕自己的孩子落后于别人，总是希望自己的孩子是无所不能的“天才”，这不过是父母的虚荣心作怪罢了。

一些父母在孩子很小的时候，就采取“揠苗助长式”的教育方式，将一些学校教育提前，根本不考虑孩子的接受能力。实际上，这种提前教育从根本上来说是没有意义的，因为孩子在学龄阶段自然会去学习。那些过早地让孩子接受非常专业的舞蹈、音乐、美术等方面的培训做法，不仅不能培养孩子对这些东西的兴趣，反而还会挫伤孩子原本具有的积极性。

琳琳是一个非常可爱的小女孩，也非常聪明。一天在做游戏的时候，幼儿园的老师教了她非常简单的舞蹈动作。回到家后，琳琳高兴地向父母表演了起来。琳琳的妈妈在一瞬间“发现”了孩子的“舞蹈天赋”，立刻决定送女儿去舞蹈兴趣班。

每天幼儿园放学后，琳琳妈妈都会送女儿学两个小时的舞蹈，并强迫女儿去学习很多高难度的动作。当琳琳在小单杠上压腿痛得哇哇大哭的时候，琳琳妈妈还是没有意识到自己的错误。不久之后，琳琳对舞蹈厌恶到了极点，也不再愿意学习。甚至在幼儿园看到小朋友“跳舞”玩耍也会远远的走开……

幼年时期的孩子，最重要的是逐渐熟悉周围的世界，获得初步的认知和生活能力。此阶段，学习多少知识并不重要，能够快乐地享受童年才是他们最应该做的事情。当孩子无比痛苦地学习的时候，这样的学习对年幼的孩子又有什么意义呢?

不要过度保护孩子

阻碍孩子自然成长的另一个重要表现就是过分地保护孩子。父母的过度保护只会让孩子变得越来越无能，使孩子失去获得基本成长和生活能力的机会。

孩子会因为父母的过度保护，而无法获得足够的生活和交往经验，从而感到害怕挑战，凡事不能自立。很多父母过于小心，将孩子捧在手心里，对孩子百般侍候，凡事都替孩子代劳，在这样环境中成长起来的孩子，没有父母的帮助什么都做不成。

过度保护还表现为父母对孩子过度干涉。怕地上不卫生，总是将孩子抱在怀中，结果，孩子迟迟没有学会走路；怕孩子弄脏衣服而不让孩子和小伙伴玩耍，结果丧失了与他人交往沟通的能力；当孩子在自由自在地玩耍时，被粗暴地打断……

好奇是孩子的天性，也是孩子认识世界的动力。父母过度的保护，会把孩子的好奇心和探索欲层层包裹起来，最终让孩子成为精神贫瘠、能力匮乏的“侏儒”。

孩子需要自由成长的空间，不需要我们刻意去塑造。在自然过程中，孩子就能够很好地获得成长所需的各种能力和经验。但是，这不意味着孩子的成长不需要成人的帮助。只有成人为其提供一个合适的成长和发展的环境，孩子的成长才能有足够的发展空间。

为孩子提供自然的土壤，让他们自己去成长吧！因为孩子的成长，终究是一个自我发展的过程。父母能做的是适时引导和保驾护航，而不是去代劳。

早教不仅只是学习知识

早期教育本质上是一种启蒙教育，而不是知识教育。早教是为了开发孩子的各种潜能，而不是将对孩子的知识教育提前。正确的早期教育是能够为孩子良好的行为习惯和个性品质奠定基础。早教不是额外地给孩子进行训练，不是让孩子参加各种各样的培训班。早期教育是让孩子身体、情感、智力、人格、精神等各方面全面成长的教育，学习知识并不是它的目标。

彼得·卡皮查因为发现超流体而获得了1977年的诺贝尔物理学奖。一次他被记者问到成功的秘密，这位记者问："卡皮查先生，您在哪所大学、哪个实验室里学到了您认为是最重要的东西？"

这位白发苍苍老人的回答却让在场的所有人都大吃一惊。他说："是在幼儿园。在幼儿园的时候，我学会了把自己的东西分一半给小伙伴们，不是自己的东西不要拿，东西要放整齐，做了错事要道歉，午饭后要休息，学习要多思考，要仔细观察大自然……从根本上说，我学到的全部东西就是这些。"

卡皮查的回答道出了早教的真谛。实际上，孩子在幼儿时期学到多少知识并不重要，因为这些东西并不能为孩子的成长打下坚实的基础。相反，这些知识可以在孩子学龄之后能够迅速地掌握，完全没必要过早地灌输。

过早的学习并没有让孩子掌握知识

很多家长对早教的目的没有形成正确的认识。曾有一个调研显示，70.5%的中国家长以为早教就是让孩子学习英语、识字与数学；让孩子学习音乐、舞蹈、绘画等各种技能。结果导致小学生的厌学情绪非常明显。调查显示，那些厌学者大都过早地接受了灌输式的知识教育。实际上，孩子在幼儿年龄学到知识大都是强行记忆的结果，孩子并不能真正理解，也就是说，孩子并没有真正掌握这些知识。

最新研究结果表明，很多人为的早期智力开发和学习灌输，并不能取得提高孩子智商的预期效果。

2007年，美国社会学家经过长期的调查发现：人为的干预可以在短期内把孩子的智商提高约8%。但是这种人为干预的效果极不稳固，一旦干预撤销，这些被提高的智商基本上会降回来，和别的孩子又回到同一认知水平。

美国心理学家通过对“以学习知识为主导的”和“以社会交往为主导的”学前班的比较，研究得出结论：在5岁时，前者比后者培养出来的孩子认识更多的数字和单词；但是到了6岁，也就是孩子进入学龄之后，这一优势迅速就消失了，反而是后一组孩子更具有学习热情和创造力。

孩子1岁之内学认字、3岁背诗只是简单的记忆模仿罢了，并不代表孩子真正具有了这方面的能力。很多父母在早教中心报了很多课程，实际上，孩子并没有真正学到知识，因为他们还无法理解。

许多家长从孩子3岁、4岁开始就教孩子算术，并以孩子能很快说出答案为豪，但实际上孩子并没有真正掌握数学知识。虽然3岁前的孩子对数字已有初步的感知，能区分出明显的多和少，但是心理学实验证明，孩子只有在5岁之后，才能脱离实物的支持形成抽象的数字概念。实际上，当孩子5岁之后再进行数学运算，才能达到真正意义上的理解，而且也很容易掌握。

同样的，有些家长过早地让孩子识字，孩子只不过是通过死记硬背的方式“表面上”认识了许多字，但并没有让孩子真正理解文字的奥妙。反而会让孩子形成符号化的认识，严重影响孩子的想象力。

孩子有很多发展方向，如果只是单一地让孩子过早地学习专业知识，其实没有实际意义，反而让孩子的可塑性大大降低。

早教让孩子“学”什么

虽然早教不建议对孩子进行知识教育，但也并不意味着对孩子什么也不教，相反，早教肩负着开发孩子各项潜能的重任。早教时期并不是让孩子学习某些具体的技能，而是为孩子的认知打下坚实的基础，也就是说，让孩子掌握认识和生活的能力。

学语音：有研究发现，孩子早期的语音技能（如字母识别能力和语音敏感性）越好，后期的学习能力越高。因此，在孩子0－6岁时，培养孩子语音的敏感性很重要。但不是指让孩子多识字、写字，而是要让孩子听到各种声音、各种语言；父母要鼓励孩子唱歌谣、复述故事；培养孩子的语音意识、正确发音能力以及对语言理解的能力，特别是说和听方面的能力。

学习惯：良好的习惯对幼儿的身心健康、知识的获得、能力的培养、品德的陶冶、个性的形成至关重要。好的习惯将伴随幼儿一生，使幼儿终身受益。同样，没有养成良好习惯的孩子也会“深受其害”。

孩子从以玩为主的幼儿园生活过渡到以学习为主的小学生活，其中的学习目的不同，教育方式和要求不同，生活方式也不同。因此，孩子需要具有良好的行为习惯，具备一定的独立意识和任务意识等。有研究发现，入学后，没有朋友比成绩差更糟糕，被拒绝的孩子容易出现社会适应不良、心理失调、学习成绩不佳等现象。

培养好奇心：好奇心是人们积极观察世界、进行创造性思维的内在动因，是儿童学习的重要动力来源，也是创造性人才的重要特征。在儿童的日常生活学习中激发其好奇心是让幼儿轻松接受新鲜事物和学习新知识不可或缺的途径。面对孩子提出的各种各样的问题，父母应合理对待，采用合适的方式实事求是地回答。父母要明白孩子把玩具拆开等“破坏行为”，是孩子主动探索的心理，应鼓励孩子对新异事物和未知事物的好奇与关注。

学独立性：3－5岁儿童自主意识开始发展，表现出一定的独立性，开始自主做一些决定与行动。此时的儿童逐渐明白了随意发脾气等行为是不正确的，学会对情绪的调节和自控。有了自己的同伴和感兴趣的活动后，在情感上逐渐消除对父母的依赖。所以，家长可以依据孩子的独立性发展特点，创立宽松的环境氛围，让其愉快地玩耍，自由地交流，自己做主，做力所能及的事情，培养其独立思考解决问题的能力。

自我保护能力：父母可以在日常生活和游戏中通过讲故事、亲子共读故事的方式来培养孩子的阅读兴趣与习惯，并采用图片、画报等直观形象的方式加强孩子对危险情境及事故原因以及后果的认识，提升孩子的安全防范意识，学会自我保护。

另外，良好的同伴关系有助于儿童获得成功的社交技巧，能使儿童具有安全感和归属感，有利于儿童社会价值的获得以及认知和健康人格的发展。因此，父母在鼓励孩子与同伴交往的同时，还要引导孩子学会合作与分享、处理同伴矛盾，学会社会交往技能以及发展友谊。

理解孩子之间的差异

尽管现代心理学已经为我们提供了一整套完整的心理理论，让我们清晰地了解了孩子的心理发展规律和趋势，但事实上我们仍然很难把握任何一个孩子的心理历程。每一个孩子都是独特的个体，其心理历程、认知发展、成长过程都有自己的特点。因此我们要以多元化的视角看待孩子的发展，理解每个孩子自我成长的需要。

每个孩子都有不同的感受、玩耍、学习和思维方式，这些构成了每个孩子不同的特性。由于孩子的年纪还小，他们的个性就如同幼苗一样脆弱，不但需要成人的尊重，更需要成人的精心呵护。孩子成长之初，就有了自我选择的倾向，每个孩子也都有自己的偏好，成人应该尊重孩子的选择和倾向，不要把自己的意志过多地强加给孩子。

很多父母喜欢拿自己的孩子和别人的孩子进行对比，希望自己的孩子成为最优秀的人；或者喜欢将自己的愿望强加给孩子，让孩子成长为自己心中的科学家、艺术家、诗人……

这些做法都没有看到和尊重孩子的差异。每个孩子未来的路都是不定的，他可以有很多种道路去选择。在孩子小小年纪就为他确定人生道路是一种极不切实际的做法。

不要随意给孩子贴标签

在孩子成长的过程中，暂时出现一些不良行为或者心理障碍，都是非常正常的现象。可以通过引导和教育来纠正，父母千万不可根据孩子一时的表现而给孩子“贴标签”。父母对孩子外在的评价，会影响孩子的自信心和自尊心，最终，也会影响到孩子的自我评价。

“标签效应”是著名的心理学现象。当一个人被冠以某种评价的时候，就会逐渐形成一种和评价相适应的自我印象，自己的行为也逐渐和别人的评价相一致。当一个人被贴上某个标签，无论是正面还是负面，都会产生强烈的定向暗示作用。

孩子正处于性格的形成期，可塑性很强。情绪波动、行为反复比较明显，会出现各种问题。但是，若据此就给孩子贴上各种不好的标签，不仅不能帮助孩子纠正，反而会给孩子带来负面的暗示。

1岁左右的孩子，自我意识开始觉醒。在辨别周围人的时候会有“认生”现象，即见到陌生人不愿意打招呼，或者陌生人一抱就哭，这时，父母很可能会做出“这孩子胆小、内向”的评价；2岁左右的孩子，有了初步的思维和认知的能力，往往不听从父母的安排，这时，父母会说孩子“不听话、淘气、爱发脾气”；3岁以后的孩子大都进了幼儿园，当孩子回答不上来学了什么的时候，父母就会说孩子“脑子笨，什么都学不会”……

孩子一次次接受着负面的打击，很容易陷入不良循环之中。不仅影响了孩子对自我的评价，还会影响父母和孩子之间的关系。

对孩子进行适当的鼓励，给孩子一些积极的标签，可以帮助孩子形成良好的自我认知。对孩子说些诸如“你做得真棒”“你真聪明”“你很认真”之类的鼓励性话语，可以帮助孩子从心理上认识自己，进而做得更好。

如何看待孩子的发展

每个孩子的身心发展既遵循着一定的规律，也有着自己的特点。在培养孩子的过程中，善于发现孩子的独特之处，有针对性地对孩子进行培养是教育的重中之重。如何让孩子快乐地成长，如何让孩子最大可能地释放自己的潜能取决于父母能否正确看待自己的孩子。

每个孩子都是上天赐予我们的独一无二的礼物。“花开百样，各有芬芳”，我们应该努力发现每个孩子的闪光点。在对孩子正确认识的基础上，成人尤其是父母要为孩子提供各种环境与条件，放手让孩子发展。

关注孩子的个体差异：从生理学上来说，正常人的基因、身体和大脑也都存在本质的差异，但是不同的发展环境，最终让每个孩子都成了独特的个体。在诸多内外因素的作用下，每个人都在沿着自己独特的发展轨迹前进。

关注孩子的个体差异，就是要尊重孩子不同的兴趣爱好，尊重孩子自我选择的活动。作为一个生命体，孩子从成长之初，就有了自己的判断力和选择力，阻碍了孩子这些能力的正常发展，会让孩子无所适从。

正确评价孩子：当孩子自我意识觉醒之后，就开始认识自己，同时也将别人特别是父母和老师对自己的评价内化为自己的看法。父母是孩子生活中最重要的人，父母积极或消极的评价都会对孩子的情感、行为产生深远的影响。如果孩子能够得到家长积极的赞许，就会唤醒他们的自我认同感，更加具有自信心。如果家长总是按照自己的标准指责孩子的行为，孩子就会变得畏缩胆小、缺乏自信，这类孩子到了青春期要么很容易叛逆，要么凡事不自立。因此，父母要正确地评价孩子，尤其要多以积极的态度对待孩子。

鼓励教育孩子向困难挑战：鼓励孩子去挑战困难非常重要，当孩子体验到战胜困难的乐趣后，就会更加积极地去探索。每个孩子都是独特的，只有在不断地挑战中，孩子才会逐渐认识到自己的力量和兴趣。无论孩子取得的进步和成功多么微小，父母都要给予赞赏和鼓励。

理解不同文化背景孩子的差异：每一个孩子都生活在特定的文化中，即使很小的孩子也会受到文化环境的影响。实际上，这种影响很大程度上就是父母带给孩子的。有一些“东方”父母不顾文化背景的差异，让孩子完全在“西式”教育下成长起来，这对孩子的成长是非常不利的。

在中国，小孩子羞怯是非常正常的表现；在西方，孩子羞涩则被当作问题行为。如果按照西方标准对孩子过分要求，反倒是违背了孩子的正常发展。所有的西方教育理论都是基于特定的文化环境发展起来的，应用的时候要鉴别，所有的教育理论都有局限性，不要简单地照搬。

没有任何一种教育方法对所有的孩子来说都是最好的，找到适合自己孩子的教育方式，才是最重要的。孩子的多样性发展实际是适应环境的表现，只有千差万别的孩子才为人类的整体发展奠定了基础。培养适应社会发展、具有自我独立个性的孩子，是教育的根本目的。父母应该认识到并欣赏孩子的多样性，尊重孩子的差异，千万不要按照自己的愿望去“塑造”理想中的孩子。

第4章

萌芽阶段：走好第一步

孩子的特点

孩子在出生后的最初 2 年，无论是身体还是认知，各方面都处于萌芽阶段。但也是这个阶段，决定了孩子各项身体基本能力的发展。这一时期是孩子身体发展最为迅速的时期，也是孩子脑神经树突形成的关键时期。

在孩子成长的最初 2 年，身心发展非常迅速，对于父母来说，确实是一件神奇而感觉欣慰的事情。那么，在这一阶段，孩子身心发展有哪些特点需要父母把握呢?

身体发育特点

在孩子出生后的最初 2 年，孩子身体体重增加并不明显。每年大约增重 2 千克，到孩子 1 岁半的时候体重大约在 10 千克左右，身高大约在 77 厘米。在这 2 年中最后的半年，孩子的身体发育有所加快，到 2 岁时，体重大约在 13 千克，身高增加更为明显，大约在 88 厘米。尽管肉墩墩的孩子看起来非常可爱，但是，如果孩子体重过重，则不利于孩子的身体发育。这一时期是孩子学习走路的关键时期，过重的体重会让孩子柔弱的骨骼难以承受，也会给孩子的心肺带来压力。所以父母也要适量控制孩子的饮食。

在第 1 年内，孩子的头部发展非常缓慢。但是到了第 2 年，就会迅速增长，到孩子 2 岁末的时候，头围已经达到成年人的 90%。新生儿的脑细胞容量大约 160 亿个，和成人相差无几，此后，孩子大脑的发育主要体现在脑细胞功能的完善上，这个过程大约要等到孩子 9 岁之后才能基本完成。

孩子在学会走路前后身体差异非常明显。在学会走路前，“圆头大肚”，即使站立时，腹部和头还是非常明显。此时，孩子的四肢显得既柔软又短小，面部圆润。

当孩子学会走路之后，身体就会不同。随着孩子运动增加，身体肌肉有了初步发育，身体的棱角开始显现，下巴也逐渐显露出来。孩子的四肢也不再像“爬行”的时候那样扭向两边，而是随着走路前后摆动，配合得更为协调。总之，此时的孩子在外貌上已经很少有婴儿时期的特点。

身体运动特点

孩子在最初 2 年内，最重要的运动就是爬行和学会走路，不同的抓握也是孩子运动的表现。可以说，学会走路是孩子在这 2 年应该掌握的最重要的身体行动能力。一般情况下，孩子在 1 岁左右的时候就能够走路了，也有的孩子会迟一些，在 1 岁半左右。孩子学会走路是一个自然而然的过程，父母不要过多地按照自己的想法进行干预。不能过早地开始，因为孩子柔弱的骨骼还不足以支撑整个身体。当孩子初步学会走路后，还需要 1 – 2 个月的时间去巩固。

孩子的手脚在这一时期非常好动，父母不要为了省心而把孩子包裹起来，更不要让孩子整日躺在床上。孩子学会走路时，喜欢东奔西跑，父母不要阻止他们，只要保证孩子的安全即可。这时候的孩子还喜欢爬上爬下，手扶着栏杆上下楼梯，这也是孩子运动的表现。

语言发展特点

在还没有学会说话之前，孩子就已经能够理解成人的情绪和表情了。仿佛从一瞬间开始，孩子就听懂了父母的话，而且，父母说的每一句话，孩子都很在意。如果父母说鞋子找不着了，孩子很可能就立刻停下手里的活动，很高兴地替父母寻找。

0－3岁是孩子的第一个语言敏感期。此时的孩子在没学会说话的时候已经在听大人说话了，积累了相当惊人的理解能力。虽然孩子掌握语言需要很长的时间，语言能力的提升更是贯穿整个人生，但最初2年打下的语言基础却是打开语言之路的关键。

虽然孩子在说话前已经能听懂成人的简单话语，但孩子开口说话，仍然需要一定的时间。孩子在15－18月大的时候，能够用简单地词来表达话语，比如说“饭”，意思就是说“想要吃饭”。一旦孩子开口，语言能力就迅速发展，当孩子24个月大的时候，基本已经能够会说两三个词组成的简单句子了。

在0－2岁，孩子会习惯重复说一些单词来锻炼自己的语言能力，对于父母的“命令”也很愿意配合。语言对孩子来说，是一种很新奇的事物，父母应该利用孩子的这一好奇心经常和他说话，丰富其语言感知。

认知发展特点

在怀孕32周左右的时候，婴儿的脑细胞数量就已经接近成人，也就是说，孩子从出生起，就有了认识的基础。虽然0－2岁的孩子睡觉比较多，但是，一旦他醒过来，就会开始感知周围的环境。

0－2岁的孩子认知极为有限，主要通过模仿的方式来进行学习。当父母教给孩子一些简单生活技能的时候，他们也会将这些应用到自己的玩具和游戏之中。当一个2岁的孩子看到成人梳头的时候，即使成人不教，他们也会“默默”学习，然后给自己的玩具娃娃梳头。

玩耍是这个时期孩子最重要的认知途径，他们在玩玩具汽车的时候认识了轮子，有了初步的方向感；他们用玩具电话知道了打电话，锻炼了语言能力；他们在和小伙伴们的玩耍中有了最初的交往能力，知道了与人分享……

情感特点

这一时期的孩子是生命中最脆弱和无力的时候，因而对成人表现出了强烈的依附感，对父母更是寸步不离。这个时期的孩子没有独立意识，甚至还没有形成自己是一个独立个体的观念。他们对世界缺乏基本的判断力，实际上，此时任何人都可以取代生父生母的位置。孩子在这个时期，需要温饱、安慰和安全感，尤其是当孩子饥饿、害怕的时候更是如此。

这一时期的孩子是缺乏安全感的，周围环境的任何变化都可能引起他们的不适，进而情绪激动，所以这一时期的孩子很容易哭闹。当孩子情绪失控的时候，体察他们的需要和感受，给予必要的保护和关爱是让其安静下来的最好方法。

这时候的孩子慢慢会产生占有情绪，如果别的孩子去分享自己的东西，他们很可能会哭闹或有挑衅性行为。这不但是一个正常的现象，也恰恰是孩子自我意识觉醒的标志。

口的敏感期——什么都往嘴里填

当孩子 6 个月大的时候，就会毫无选择地把自己能用手拿到的所有东西都往嘴里放。尤其喜欢抱着小脚丫子啃，这时候孩子口的敏感期就到了。

当然，孩子口的敏感期从出生之后吮吸母乳的时候就已经开始了。口的敏感期一般持续到 2 岁，也有的孩子会持续更长。实际上，即使更大些的孩子也有口的敏感期的行为“遗留”下来。如当有什么难以认识或解决的问题时，会下意识地用嘴去解决。

孩子用口认识世界

科学研究发现，孩子从一出生，像眼睛、鼻子等各种感官都将被调动起来。但是孩子并不能熟练地运用这些感官，通过其获得的感知也是非常模糊。孩子的口则不是，从一出生起，孩子就能熟练地使用口，此时的口是孩子与世界之间最自然的通道。

最初的时候，孩子用口来认识自己的手和脚，进而发展到用口去认识接触到的一切。孩子把拿到的一切都往嘴里塞，因为他们感觉到了口能够带给他们许多神奇的感受。虽然，我们很难知道这些感受具体带给孩子什么认知，但是，我们可以肯定：孩子并不是因为饥饿才把东西放在嘴里，所以这种行为必然有其内在的认知属性。

在婴儿3、4个月大的时候，他们就已经通过口唤醒了手，然后，用口和手共同去认识世界。孩子通过手和世界建立了最初的密切联系，通过口他们认识到了食物的质感、软硬、冷暖、用途……如果缺少了这一过程，孩子很可能因为对事物缺乏基本的认识而茫然无措。口的敏感期是孩子认识世界的第一步，正是通过口，孩子唤醒了身体的力量，打开了认识五彩斑斓世界的窗口。

乐乐6个月大了，已经能够在自己的小餐桌上吃饭。吃饭的时候，乐乐总是喜欢用嘴咬妈妈给他买的小木勺子。他有时候把勺子咬来咬去，咬一咬又拿出来看一看；有时候把勺子往嘴里伸又拿出，反反复复。有一次，乐乐看见了妈妈挖白糖用的钢勺子，吵闹着要，只见他一会儿把自己的小木勺放嘴里，一会儿又把小钢勺放在嘴里。乐乐的妈妈看孩子不安心吃饭，就想把勺子拿过来，结果，乐乐哇哇大哭了起来。

王女士是一个80后妈妈，非常年轻。她的孩子天天3个月大了，最近一段时间她发现孩子总是很努力地把小脚丫往嘴里放，成功后，几乎每天都会抱着脚丫子啃，还发出“吧唧吧唧”的声音，一副很高兴的样子。王女士觉得小脚丫不干净，每次都对孩子说：“宝贝，宝贝，这样不卫生，快把脚吐出来。”当王女士试图把小脚从孩子嘴里拿出来的时候，孩子哇哇大哭了起来。面对这么小的孩子，王女士感觉手足无措。

专家解读

实际上，这两个事例都是孩子进入口的敏感期的表现。这个时候孩子迫切地希望通过口来认识周围的世界。乐乐不停地去咬小木勺子实际上就是去感受木勺的质地、软硬和形状；伸来伸去地咬勺子则是去感知它的长度；当乐乐把木勺子和钢勺子比较着咬的时候，我们能够看出来，孩子的认知能力更进一步了，因为他已经开始去探索同类事物之间的不同之处了。

1 岁以下的小孩子啃脚或啃手是很常见的行为，根源在于孩子吃奶的本能。实际上，孩子通过啃手指、脚趾，逐步体会到了身体各部位的用途，也明白了口的认知功能。啃手、脚趾是孩子利用口认识世界的第一步。所以父母不用担心，把孩子的手脚洗干净，放心大胆地让孩子去啃吧。这个过程是每个孩子都必经的，等孩子 3 岁以后，认知能力增强了，用口啃东西的行为就会大大减少。

给孩子安全的环境

为了孩子的安全和卫生考虑，很多父母都会制止孩子啃手、脚趾的行为，也不允许孩子随意地把其他东西放到嘴里。这样对孩子的认知能力发展不利，还会造成孩子口的敏感期延长。一般情况下，孩子在 2 岁就度过了口的敏感期，一旦受阻，就可能延长到 4 岁甚至更久。

这种延长很容易让孩子养成一些不良的生活习惯（如咬指甲）和行为，

也会阻碍孩子其他认知能力地发展。父母与其出于担心而阻止，不如为孩子提供一个安全卫生的环境，让孩子自己去探索发现。

当孩子出现用口去探索周围事物的行为时，父母要尽可能给孩子提供安全卫生的环境。把孩子的小手、小脚丫洗干净，家里的玩具保持卫生。把菜刀、剪刀、牙签等危险物品和盘子、玻璃杯等易碎物品放到孩子接触不到的地方。当孩子吃葡萄、瓜子、豆子等小颗粒食物的时候，父母也要时刻看着，以免发生意外。

当孩子一天天长大，手眼等其他认知和感知器官逐渐成熟完善，孩子逐渐学会了用手、眼等其他方式去认识周围的事物。相对而言，这些认识方式无疑比用口更为有效，渐渐地，孩子也会摒弃用口去认识事物的习惯，慢慢也就度过了口的敏感期。

手的敏感期——什么都爱抓来玩

与口的敏感期相伴，孩子手的敏感期也将接踵而至。通过手去认识世界的行为伴随着人的一生，可以说，手是人的“第二大脑”。对于孩子来说，其思维能力极其有限，更需要通过手去直观地认识事物。

孩子手的敏感期没有明确的界定，因为孩子用手去感知世界的行为在整个幼年时期非常普遍。一般而言，孩子手的敏感期集中在0－2岁，有些孩子会延伸到4－5岁。

在某种程度上说，手是大脑的工具，孩子手的感知能力和大脑发育有着密切的关系。手所获取的认知能够进一步刺激大脑的发展，而大脑的发育，反过来可以更好地指导手的动作和认知行为。在手的敏感期得到良好发育的孩子，大多会有灵巧的双手和聪慧的头脑。

当孩子第一次把手伸进嘴里的时候，“口”就唤醒了手。当孩子感觉到手的力量和功用的时候，感觉的中心就会从口转移到手上，这使他们所感受的事物范围迅速扩大，认知的水平也有了极大的提升。

每一个健康成长的孩子都有用双手探索和认知周围世界的本能，抓沙、玩水、拍打枕头、撕纸等行为都是孩子与周围环境建立联系的途径。这是每一个孩子极为重要的认知过程，也是孩子身体与大脑协调发育的重要途径。

孩子手部发育历程

在手的敏感期，孩子手的认知能力逐步得到提升和完善。刚一出生的孩子就能紧握小拳头，获得安全感；慢慢地，就能抓握床栏、用手指抠小洞、扔东西；再大一点能用手指捏起小饼干等小东西。总之，孩子手的动作一步步地精细化，孩子每一次进步也都预示着孩子大脑的意识在一步步觉醒。

0－1个月：此时孩子的小手绝大多数时候呈握拳状，会反射性地抓住放入手中的物品。此时孩子的抓握反射是最强烈的，孩子抓住一个东西时所展现出的力量，往往会让成人感到惊讶，相对于他们年龄来说，这种力量太大了。

1－3个月：这个时候，大部分时间孩子的手掌呈半张开状。小手慢慢有意识地主动抓握手边的东西，即使不把东西直接放在孩子手中，他们也会伸出小手去抓。此时的孩子，开始玩自己的小手，手的功能逐渐被唤醒。

4－6个月：此时孩子的视力有了一定发育，孩子在眼睛的指导下抓握会比前一阶段更具方向感。这时候的孩子多数仍无法灵活使用手指，手部动作主要还是简单地抓握。

7-9个月：这时候的孩子能够用拇指和食指捏取小东西，还会主动换取另一样东西去捏。9个月的时候，孩子甚至慢慢能用双手将小积木放入盒子里。

10-12个月：孩子用拇指、食指和中指配合捏取物品已经相当熟练，也就是通常所说的“三指抓”。12个月时，有些孩子已经能够用五指握笔涂鸦。

13-18个月：大部分孩子能够模仿划横道和竖道，能够握紧笔，能用积木搭一些小小的塔。

19-24个月：孩子的小手变得更加灵活，手眼协调能力得到大幅提升，空间感也相应增强。这时的孩子喜欢玩橡皮泥，能做出各种简单造型，并能熟练玩串珠等游戏。

25-36个月：这时的孩子已经能够画一些简单的图形，能够做一些填色游戏。孩子的抽象形象感开始建立，已经能将纸折成三角形、正方形等。

孩子手的敏感期行为

当孩子进入手的敏感期，急切地想用手去感受周围的事物，见到什么都要用手去抓、去捏、去摸。对于孩子来说，面对的是一个没有探索过的全新世界，因而他们就像探险者一样充满了好奇心。所以，在孩子手的敏感期，千万不要限制孩子的手，孩子在玩沙和水的时候也不要阻止，以免破坏孩子的认知秩序。

小天天10个月大了，他的妈妈最近很苦恼，到处爬的小天天一有时间就会撕纸，床头的卫生纸被小天天撕得到处都是，有时候，就连小天天自己也被碎纸包围了。家里的纸巾、图画书也未能幸免，被小天天扔得满地都是。小天天的妈妈每次看到心情都会不好，忍不住就会去阻止他。结果，小天天哇哇大哭。

小乐乐1岁半了，近来总是时不时地“打人”，很多时候，他一边说着“打你”，小手一边就“啪”地挥了过去。当他和爸妈或者邻居的小朋友玩得高兴时就会扬起小手打人；玩得不高兴的时候也会挥手打人。结果，小乐乐在小区里“名气很大”，很多父母都不再愿意让自己的孩子和他玩。

专家解读

小天天和小乐乐的这些行为都是孩子进入手的敏感期的表现。6个月至1岁的孩子普遍会出现撕纸现象。当孩子发现可以通过自己的小手来改变纸的形状，听到撕纸时的“刺啦”声音时，会感到非常神奇。于是，他就反复重复这一动作来加强这种认知和感受。父母可以为孩子准备不同材质的纸张（但要避免给孩子那些用油墨印刷报纸，因为它含有很多铅的成分，会损害孩子的健康）来锻炼孩子手的协调能力。父母还要看护好孩子，防止孩子误食，也不要给孩子太过锋利和硬的纸张。当孩子玩耍完了，要及时地给孩子洗手。

小乐乐“打人”是孩子认识到手的力量的表现，也是孩子表达自己激动情绪的方式。我们发现，很多时候孩子无论情绪好坏都喜欢打人，也就是说，这只是孩子一个表达自己情绪的方式。对于经常打人的孩子，父母要加以引导，比如可以告诉孩子：“你可以打身边的东西，但是不要打人。”一般情况下，父母只需多引导几次，孩子就能得到纠正。

在手的敏感期，孩子还会经常扔东西来探索周围的事物。几乎所有的父母都有这样的经历——孩子高兴地把手里的东西扔到地上，当你刚为孩子捡回来，孩子又马上扔了出去，如此反反复复，孩子玩得不亦乐乎，父母却累得够呛……

孩子之所以喜欢这样，是因为孩子发现了一个东西被扔出后会有“神奇的变化”。扔出去的东西会不停地滚来滚去，会发出各种声音，会发生形状变化……如果父母总是帮孩子捡，孩子就会觉得，通过这种方式能够更吸引父母的注意。

对于父母来说，当然不能完全任由孩子扔来扔去。父母应该为孩子创造一个安全的“扔的环境”，把那些易碎、危险的东西放到孩子够不着的地方，为孩子准备一些布球、带铃铛的小球等。父母不要总是为孩子捡东西，可以鼓励他们自己动手去捡。如果孩子比较小，可以为孩子准备个软垫子，当孩子自己扔出去之后，可以自己爬着或走过去捡起来。

在孩子成长的最初阶段，手就是孩子“思考的手段”。孩子通过手建立了与周围世界的联系，也引发了孩子最初的思维过程，启发孩子去思考。身为父母，不要害怕孩子的“破坏”行为，因为孩子对事物价值的判断是不同的，孩子的“破坏”是他们认识世界的方式。一旦孩子的手被束缚了，很可能就阻止了他们思考和探索世界的行为。

行走敏感期——爬来跑去玩得欢

孩子的身体运动敏感期通常出现在1－2岁，走路就是其最鲜明的代表。在这个阶段，走路是孩子最热衷去做的事情，伴随着走路，孩子的活动范围大大增加，其他更复杂的技能也随之得到发展。这个时候的孩子总是希望挣脱父母的怀抱，甚至哭闹着也要跑出去玩耍。

当孩子抬头看到周围的世界后，就开始了自己的探索之路；当孩子迈出第一步之后，周围环境中的任何东西都可能刺激着他前去观察和体验。所有孩子的智力发育与动作能力的发展密不可分。一旦孩子以行走为代表的动作能力发展受阻，孩子的心智也会受到影响。

几乎每一位父母都对孩子发出过这样的感叹：“孩子放着好好的大路不走，偏偏要去走那些坑坑洼洼的小路，真拿他没办法。”实际上，当家长这样抱怨的时候，就意味着孩子已经进入了行走敏感期。孩子学会走路需要一个过程，从爬行到行走，孩子完成了一个质的飞跃。东奔西跑的孩子，开始了自主探索世界的阶段。

孩子学会走路的发展阶段

7－8 个月：站立准备。7、8 个月前的孩子基本上都还是爬行，在爬行的过程中孩子的腿部也得到了初步锻炼，还不时地想要抬起手臂和膝盖。当孩子 7、8 个月大的时候，“强壮”起来的孩子就总是不停地想站起来，如果父母把孩子抱在腿上，他就会抱着父母的胳膊使劲蹬着腿。孩子蹬腿是他站立的前奏。

9－12 个月：站立和蹒跚学步。孩子能够蹬着腿站起来时，意味着孩子开启了走路之旅。一开始孩子站得摇摇晃晃，但很快孩子就能掌握了基本平衡，开始勇敢地迈出第一步。在接下来的两三个月里，孩子就渐渐地开始蹒跚走步了。起初的时候，孩子很可能走两三步就要摔倒，慢慢地就能走出一段路。在这个时间段，孩子的平衡能力还很欠缺，走路摇摇晃晃。

1－2 岁：正常行走和小跑。当孩子能够蹒跚学步之后，他就会不停地“自我训练”。在父母的帮助下，大约 1 岁半的时候，孩子基本上就能比较协调地走路了；等到了 2 岁，孩子基本都能奔跑了。当孩子学会走路之后，就没有什么能阻止孩子到处走动的脚步了。所有的父母都有这样的体验：孩子整天不知疲倦地走来跑去，父母就只能疲惫不堪地跟着。

需要注意的是，这个发展阶段只是一个大概的时间段，每个孩子都有自已的发展特性，就连行走也不例外。只要孩子的身体健康，一般都能学会行走的技能。如果父母不顾孩子的身体情况，过多地限制孩子或过早地强迫孩子走路都是不科学的。

孩子的行走敏感期行为

当孩子进入行走敏感期，父母也迎来了最累的一个阶段。孩子没有学会走路时，会拉着父母到处走；等学会走路后，便整天跑个不停，父母为了孩子的安全，也得整天跟着。许多家长为图省事，选择抱着孩子，这样不仅阻碍了孩子行走能力的发展，还阻碍了孩子走向独立的脚步。

父母还应该放弃自己的走路节奏去配合孩子的步伐，适应孩子探索的脚步。只有当孩子可以自由行走及探索的愿望得到满足后，劳累的孩子才更愿意重投父母的怀抱寻找爱意。一旦孩子学会了走路，他对世界的认知活动就有了更多的自主性，同时，孩子的活动范围也大为增加。这时，父母要理解并尊重孩子积极探索的愿望。

一天，童童小朋友一家到附近的公园里看花展。在公园玩到中午后，一家人高高兴兴地准备回家。由于担心孩子走累了，童童爸决定走捷径回去。

经过小区后面的一个小坡时，童童沿着坡一路小跑而下。但是跑下来之后，童童却不肯继续向前进了，非要停下来。然后，童童沿着小坡一遍又一遍地跑上跑下，即使有一次摔了一跤也不停下来。

妈妈带着灿灿从超市回家，走着走着，小灿灿突然停了下来。原来，路边有一个小小的水坑。灿灿妈正准备把孩子抱过去的时候，结果小灿灿死活不愿意，还一脚踩进水坑里，来来回回地蹦着、踩着。

专家解读

童童和灿灿的这些行为是行走敏感期时的正常表现。当童童上下坡的时候，他得到了一种全新的走路体验：上坡的时候很吃力，下坡的时候则像飞一样轻松。这种体验让孩子很好奇，因而会一遍一遍重复。

当孩子进入行走敏感期，腿和脚的功能也会被唤醒，孩子就会像探险家一样去探索。小孩子玩水是很正常的行为，流动的水就像羊水对于婴儿一样，能带给孩子非常舒服的感受，拍打出来的水花和清脆的声音都会让孩子感到新奇。灿灿用脚踩着小水坑玩也是孩子玩水天性的表现。玩水必然会把衣服、鞋子弄脏，因而很多父母会大声喝止孩子，其实这是完全没必要的，只要孩子玩得不太过分，随孩子的兴趣就好。

不要害怕孩子跌倒

很多父母不愿意让孩子跑来跑去，就是因为害怕孩子跌倒，遇到危险。父母这种担忧是很正常的，实际上，父母也确实应该时时关注孩子身边存在的危险并加以排除，但是，如果仅仅是担心孩子跌倒就大可不必。

在孩子小的时候，尤其在学走路时，不跌倒是不可能的。孩子跌倒并不是可怕的事情，孩子身小体轻、重心非常低，即使跌倒也不会造成很大的伤害。跌倒是孩子掌握身体平衡学会走路的必经阶段。即使孩子学会了走路，跌倒也是不可避免的。

跌倒还是孩子意志品质成长的起点，如果一个孩子在“跌倒”的年龄没有学会自主而坚强地爬起来，那么，当孩子长大后，面对困难和挫折的时候也很难有毅力去战胜。作为父母，一定要看明白这个道理。很多父母都会发现，有的孩子牵着父母的手能够走得很好，一旦父母撒手，却又不会走路了。父母不可能永远给予孩子一个支点，只有让孩子在跌倒中不断地爬起来，才能让孩子真正学会走路。

当孩子进入行走敏感期，确实会让父母感到非常劳累，整天奔跑的孩子已经成了父母的“负担”。但是，每一位父母也都会为孩子在这个过程中的迅速成长而感到欣慰，再多的付出也值了。在孩子学习走路、在走路中不停探索发现的时候，父母要为孩子创造一个“无障碍”的环境，释放孩子成长认知的天性。

视觉敏感期——孩子眼里的世界很奇妙

视觉是孩子仅次于听觉而要发展的第二能力。眼睛被称为“心灵之窗”，是因为它传达了人最多的情绪和想法。实际上，眼睛还是“认知的窗户”，因为人一生所接触的信息中，有超过80%是通过视觉获得的。对于人来说，视觉还极大地影响着其他感觉，有了视觉，人的触觉、嗅觉等才会更加具体和真实。

在孩子刚出生的时候，他们的视觉还很模糊，对于所看到的东西也没有分辨力，但是，从孩子睁开眼睛开始，就意味着他获得了最有力的认知武器。可以说，孩子从一出生就进入了视觉敏感期，这是孩子经历的第一个敏感期，也是他接触丰富多彩世界的开始。

很多父母认为孩子的视觉是一个自然而然就发展起来的过程，因此对其并不在意。孩子确实一生下来就具有视觉能力，但要想孩子的视觉很好地发挥认知作用，还需要父母多加“训练”。最重要的是，孩子的视觉能力有很大弹性，大脑皮层和视神经系统之间联系不够稳固，只有为孩子提供良好的视觉环境，才能逐渐改善孩子的大脑皮质细胞的功能。一旦缺乏必要的视觉刺激，孩子的视觉细胞就会萎缩，从而影响孩子的视觉发育。

为了做到有针对性的训练，父母首先应该了解视觉敏感期的发展阶段。

视觉发育的阶段

0－6个月的黑白视觉期：孩子刚出生的时候，视线是非常模糊的，只能看到20～60厘米远的物体，而且视觉是平面的。孩子开始吃奶的时候，刚好能看到妈妈的脸。孩子刚出生时，对光产生敏感性，会将眼睛朝向有光亮的地方。伴随着对光的敏感，刚出生的孩子会对明暗相间的地方有极大的兴趣，这一时期的孩子更喜欢“黑白相间”的世界，他们对彩色还不能建立起认识。当孩子4个月后，开始逐渐感觉到颜色之间的不同。

6－12个月的彩色视觉期：等孩子进入6个月后，对色彩的敏感就彻底被唤醒了，丰富多彩的图案和五颜六色的气球吸引着孩子的目光。此时，孩子脑部视觉区的发育加快，为今后更高层次的认知打下了基础。

1－3岁的立体视觉期：1岁以后的孩子，已经不再是之前那样简单地看，而是认识到所观察东西的属性。比如颜色、形状，并将其和物品的功用联系起来。此时的孩子的视觉逐渐从平面化转移到了立体化。

3－7岁的空间敏感期：这个阶段孩子的视觉能力已经成熟，已经能够以自我的眼光和兴趣去观察周围的事物。孩子对物体的认识更加全面，能够判断出物体的大小、远近等概念。在认识事物的线条、色彩和立体的基础上，孩子对于动态的认识也进一步增强。

一般而言，称0－3岁为孩子的视觉敏感期，是因为此时孩子的视觉能力在迅速的发展，孩子用眼睛去探索的欲望最高。但是，孩子视觉能力形成是一个漫长的过程，3岁之后也非常重要。

视觉敏感期的教育误区

实际上，3岁之后的孩子，已经不再需要专门的视觉训练，但是要根据孩子阶段性的特点有针对性地进行训练。一些父母会想当然地认为彩球等色彩艳丽的东西最容易引起孩子的兴趣，因而在出生之后就拿这些东西给他。

其实，0－6个月的孩子对“黑白的世界”和“明暗交替的世界”才最敏感。很多父母都观察到刚出生的孩子更喜欢看那些明暗相间的地方。这个时期孩子的颈部发育还不完善，如果父母拿着彩球在孩子眼前晃来晃去试图引起孩子的兴趣是不可取的，这时的孩子更适合看一些静止的东西。那些运动的彩色物体在孩子的眼里只会留下一片模糊的身影。

虽然1－3岁孩子的注意力很难集中，但是，不断变化的画面也容易导致孩子眼睛疲劳，试图过多地变换事物来维持孩子兴趣实在不可取。过多的色彩、过快的变换会让孩子感到无所适从。

一些年轻的父母喜欢带着非常小的孩子一起看电视或玩电脑，这是非常不好的。这么小的孩子，电视和电脑迅速变化的画面是孩子不能适应的。由于孩子基本上都是被抱着，看到的镜头不是歪着就是倒着，不利于孩子形成正确的视觉认知。对于视觉敏感期的孩子来说，一次看电视的时间最好控制在10分钟以内，一旦孩子形成“电视瘾”就比较麻烦。在电脑上看动画片、听故事、做游戏等，一方面缺乏参与感，另一方面电脑辐射会对孩子脆弱的眼睛造成伤害，反倒不如父母为孩子做这些事情。

另外，父母要主动适应孩子对所观察事物做出的反应。比如刚出生1个月左右的孩子很喜欢看墙壁上的影子，不要干预。而且，随着孩子视觉能力的发展，会表现出自己的情绪，父母也要理解。

乐乐是个非常可爱的小女孩。在半岁之前，周围的邻居一逗她就乐开了花，无论谁要抱一抱，她都不哭闹。但是到了半岁的时候，乐乐发生了很大的变化，只愿意让爸爸妈妈抱。如果别人逗她，她不再像以前那样乐不可支，反倒是眉头紧锁，一脸不高兴的样子。如果陌生人要抱她，她更是会哇哇大哭。

强强刚刚2个月大，一天家里突然停电了，妈妈就拧亮了应急台灯，台灯在照亮屋子的同时也在墙上投下了一个大大的影子，强强看着墙上的影子，显出很兴奋的样子。不一会，家里又来电了，墙上台灯的影子再也没有了，强强开始变得不安起来，妈妈安抚了好一会儿才让他睡去。

专家解读

孩子的视觉发展有一个过程，孩子最初的看是无意识的，随着孩子大脑神经系统的发育，孩子的观察慢慢才具有了认知因素。半岁之后的孩子已经能够观察到爸妈和其他人之间的不同，也就是说，孩子能辨认出陌生人，所以才不想让陌生人抱。乐乐的情况就是如此。

半岁之前的孩子，更感兴趣的是黑白相间的地方。墙上的亮光和台灯的阴影形成了强烈的反差，吸引了孩子的目光。而且，这种反差是静态的，也更有利于这么小的孩子观察。实际上，很多父母将孩子头朝后抱着的时候，发现孩子会看着自己在墙上或地上的影子乐个不停。

视觉是人最主要的信息来源，是大脑获取外界信息的最重要渠道，所以视觉在一定程度上影响着孩子的智力发育。在孩子的视觉敏感期，根据孩子不同阶段的视觉特点，给予适当的视觉刺激，会极大地促进孩子注意力、观察力、记忆力等的发展。人的视觉是和神经中枢联系在一起的，只有孩子视觉能力得到健康发展，大脑神经才能得到良好发育。

听觉敏感期——怎么说孩子才会听

据科学研究表明，孩子在还没有出生的时候就已经能够听到外界的声音，甚至能够感受到声音强弱的变化。等孩子出生后，他的听觉感受会更加强烈。听觉也是最先被孩子调动感受周围环境的感觉。

科学家曾做过一个实验——在几个月大的孩子左侧放嗡嗡声，右侧放铃声。当铃声响起的时候，喂给婴儿吸吮糖水；当嗡嗡声响起的时候，不喂给婴儿糖水。经过这样几次重复之后，科学家发现，当铃声响起的时候，孩子会主动将头扭向右侧，而当嗡嗡声响起的时候，婴儿则不会这么做。

由此可见，孩子不仅有敏锐的听觉，而且经过训练，还能建立听觉和事物之间的联系，这正是孩子听觉能力提升的表现。

孩子听力发育阶段

0－3个月：刚出生的孩子听力器官已经发育完全，但听力比较弱，只能对55分贝左右的声音做出反应。爸爸妈妈发出的声音最容易让孩子做出相应的反应，比如听到妈妈的说话声，孩子很自然的会做出吮吸动作。这个时期的孩子如果突然听到某个声音，眼睛会睁开，经常还会哭泣。

4－6个月：等孩子4个月大的时候，大脑中负责听觉、语言、嗅觉的额叶部分，会变得更加活跃。这时的孩子对声音的接受很复杂，像开门声、说话声、车辆声、音乐声等都会被孩子的耳朵所接纳。对于一些简单的声音，孩子还能做出相应的反应。比如，听到父母吵架声就会表现得不安，当妈妈和自己说话时也会手舞足蹈着试图进行交流。孩子5、6个月大的时候，颈部和眼珠的转动更加灵活，也会转动着头去寻找声音的来源。

7－9个月：孩子已经基本能听懂简单的单词和字，尤其对自己的名字和“爸爸”“妈妈”等家庭成员的称呼能迅速做出反应。8、9个月的孩子还能说“再见”之类简单的问候语，并能配合做出相应的手势。9个月的孩子就已经能够逐渐区分声音是否有意义了，有时候听到一些没有意义的噪音，孩子就不再做出反应。

10－12个月：孩子已经能够根据简单的命令做出相应的动作。孩子还能够辨认出自己的五官位置并说出其相应的名称。当孩子听到欢快的声音，还会不自主地手舞足蹈起来。这个阶段，孩子对词语的感觉能力开始增强。

1－3岁：这个时候孩子已经能够从复杂的声响中辨认出自己需要的声音，已经能够分辨音调和音质的不同。1岁半的孩子已经能够比较准确地分辨事物的声音了，比如电话声、水壶声、开门声、门铃声。过了2岁，孩子的听觉记忆能力也发展了起来。

4－6岁：从3、4岁起，孩子的听觉记忆和语言理解能力进入了快速发展的阶段，词汇量也迅速增加。在这个阶段，孩子的语言能力和听觉能力紧密结合起来。借助更多的交流，孩子能够做相对复杂的事，甚至会给自己讲故事。

了解了孩子听觉的发展历程后，父母就可以有针对性地把握孩子的听觉敏感期，给孩子提供丰富而适当的声音环境，并顺应孩子的天性，让孩子健康发展。

如何说孩子才能听懂

孩子听觉能力和语言能力很大程度上依赖于和父母的“说话”。即使在孩子还不会说话的时候，父母的话语对孩子也是非常有意义的。只有让孩子听懂的语言，才能提升孩子的听觉和智商。那么，如何说才能让孩子听懂呢？

孩子喜欢听妈妈说话，妈妈对孩子说话有一种天然的亲切感，实际上孩子在1个多月的时候就已经能够辨别出妈妈的声音了。

通过仔细观察发现，那些发音清晰、适当重复、语速缓慢、内容简单具体、语句短小的语言更容易被孩子接受，这正是妈妈对孩子说话时最鲜明的标志。

孩子对语言的理解非常有限，只有发音清晰，孩子才能在模仿的基础上逐渐体验到语言的意义。孩子不可能像成人那样，能够一下子就把所有的字、句组合出整体意义，因此父母跟孩子说话语速缓慢是必须的，这样给孩子下意识去组合的时间，有时候还需要重复。

孩子基本没有抽象思维能力，概念性的话语会让孩子无所适从。反而那些具体的、有对应事物的话语让孩子更容易接受，因此，父母可以借助这些方法来加强孩子对语言的理解。或者将一句话拆成几句简单的话，孩子也更容易理解。

童童2岁了，在他生日的时候，奶奶为他精心挑选了一套喜羊羊衣服。妈妈拿着这套漂亮的衣服对着童童说："这是奶奶送给宝宝的喜羊羊衣服哦！"结果，孩子似懂非懂地看着妈妈和奶奶，一脸困惑的样子。妈妈想了一下，又有指着衣服对童童说："新衣服！奶奶给宝宝的哦！有喜羊羊哦！"这下孩子听懂了，他高兴地就抓住了衣服，还给了妈妈和奶奶一个大大的拥抱。

专家解读

那些长而复杂的话语是“成人式”的话语，掺杂了太多的逻辑思维，孩子是很难理解的。对孩子说话时，父母要考虑孩子的理解力，最好能以词语代替句子。只有这样，孩子才会更容易理解。

即使孩子不能理解也不要着急。一些父母常常因为孩子听不懂自己的话，尤其听不懂自己的命令，而气急败坏，其实，这是完全没必要的。因为孩子并非故意和父母对着干，而是他们真的没有听明白父母在说什么。

听觉是孩子从外界获取信息、认识世界的重要途径。当孩子几个月大的时候，他的听觉就已经发育得非常好了。对孩子的听力进行适当的刺激，孩子的听觉能力会进一步得到提升。适当的声音刺激和与孩子进行“交流”，对孩子听觉能力发展有重要作用。

语言敏感期——怎么上“嘤嘤学语课”

孩子不可能永远都用哭闹或各种表情来表达自己的情绪和需要。语言才是孩子表达最根本的方式，也是孩子成长的标志。当我们反复教孩子“妈妈”“爸爸”等词语时，孩子会“咿咿呀呀”回应着，其实，这就是孩子在“说话”。当孩子能够用语言说话的时候，他作为独立的认知个体的阶段就开始了。

语言对人的重要作用是不言而喻的，也是孩子掌握的最困难的一项认知技能。不论是听觉还是视觉，都有强大的身体条件和本能来支撑，唯有语言不是大自然赋予的能力，只有通过复杂的学习才能获得。

当孩子掌握了语言能力之后，就拥有了与人和世界交流最重要的手段，语言还为孩子的书写和认知奠定了坚实的基础。

第一语言敏感期的发展阶段

在0－6岁整个敏感期里，孩子的语言都在快速发展之中。3岁以前是孩子语言能力初步形成时期。

前语言阶段（0－12个月）：这一阶段的孩子通过听觉不断积累周围的语言信息，但是，他还不能运用语言来表达自己的感受。从4个月起，孩子就开始注意父母说话时嘴唇的变化。通过观察，孩子开始发出“喃语”声来模仿，此时父母应该给予积极的回应，这样可以激发孩子练习发音。这时候父母可以给孩子念一些押韵的儿歌。

6个月左右，孩子开始发出一些单音节的声音，比如“b、a”，当孩子重复这些音时，仿佛是在喊“爸爸、妈妈”。虽然孩子说出的音节非常简单，但已经预示着孩子开始了主动说话的尝试。

9个月以后的孩子，尽管还不能说出明确的话，但是对于词语和句子的理解能力明显增强，孩子已经能够听懂并执行一些简单的话语。

快1岁的孩子说出的音节已经比较完整，能够说“爸爸、妈妈、爷爷”这些常用的简单词语。经过长期的积累，孩子从无意识模仿语言进入到有意识说话阶段。

口语萌芽阶段（12－18个月）：1岁之后的孩子开始用一个字或简单词语来表达自己的想法。比如孩子指着蛋糕说：“妈妈，吃”，实际上，孩子的意思是自己想吃蛋糕，让妈妈拿给他。这时，妈妈再拿给孩子蛋糕的时候，可以帮孩子补充完整：“宝宝要吃蛋糕。”以此锻炼孩子的语言表达能力。

完整口语阶段（18－24个月）：随着孩子掌握的词汇尤其是名词的增加，孩子慢慢地就能说出完整的口语。这个时候的孩子会经常指着看到的东西问“这是什么?”，实际上这正是孩子要完整说口语的表现，因为只有当掌握了足够多的词汇，才能表达出来。这时候，孩子不仅能够准确地说出很多名词，还能将自己和其他词组合在一起，说出完整的句子。

语法形成阶段（24－36个月）：尽管2岁的孩子已经能够将不同的词汇组合在一起说出完整的句子，但是单词之间的组合往往又是顺序颠倒的。2岁之后的孩子，听觉记忆力有了很大发展，随着生活经验的丰富，孩子会逐渐根据周围人的语言来纠正自己的说话方式。3岁的孩子已经能够和大人进行比较轻松的日常生活交流了，这也标志着孩子形成了基础语言能力。

让孩子“鹦鹉学舌”

语言是人类文明和智慧的结晶，孩子无论是积累词汇，还是学说口语，都是从模仿开始的。虽然在一开始的时候，孩子并不能理解模仿的话语的真正含义。但是，随着观察的深入和生活经验的积累，最终会理解。

重复模仿是孩子的天性之一，在孩子学习语言的过程中体现得非常明显。孩子首先对某一句话产生了兴趣而进行模仿，在模仿的过程中他会很快发现每一句话都在表达一个意思，这样他感觉到了语言的魔力。当孩子喊“妈妈”的时候，妈妈会一边答应着一边过来，这种语言与行为的配对让孩子感觉非常神奇，于是会不断重复来强化自己获得的体验。

乐乐1岁半大了，是一个特别聪明的好孩子，他的妈妈近来发现孩子特别喜欢学别人说话。有一次晚饭后，一家人坐在客厅的沙发上一起看电视。乐乐妈妈感觉口渴了，就对乐乐爸爸说：“把水杯递给我。”这时，乐乐也跟着说道：“把水杯递给我。”乐乐爸爸以为乐乐也口渴了，就为孩子也倒了一杯水，要去喂他。当爸爸把水杯端到乐乐嘴边的时候，他却又不喝，这让乐乐爸爸感到哭笑不得。

还有一次，下班后非常累的乐乐爸爸吃完饭就说："我要睡觉了。"乐乐也喊着"我要睡觉了"。但是，当妈妈抱起他的时候，他却又闹着坐下，并不去睡觉。

专家解读

很多父母把孩子学舌当成是淘气的表现，这是不对的。语言是一个非常复杂的系统，幼小的孩子想要掌握语言，就必须在反复中来认识语言的力量，理解语言的含义。等孩子过了语言敏感期，他们的语言模仿会大幅度的减少。

每一个孩子都有"鹦鹉学舌"的过程。3－6个月的孩子会模仿简单的音节；6－9个月的孩子能够模仿简单的词语；9－12个月的孩子，已经能说出简单的句子，还会模仿大人说话的语气。等孩子过了1岁，会通过模仿积累大量词汇，语言也进入了爆炸期。

语言不仅用于沟通，语言的水平还是智力水平的体现。当孩子具有很好的语言能力的时候，其智力发育也会进入快车道。当孩子进入语言敏感期时，父母千万不要错过这个孩子语言发展的黄金阶段。父母要采取各种方式给予孩子适时的指导，发展孩子的语言能力，为孩子此后的文字学习打下坚实的基础。

第5章

自我觉醒：执拗初体验

孩子的特点

2岁之前的孩子，基本上没有自我意识，成长更多是父母主动引导的结果。等孩子到了2岁之后，自我意识就明显增强，对父母行为的选择性也增强了。

2－3岁的孩子，身体的各项机能已经趋于成熟，运动能力也非常强，正是在此基础上，孩子身心发展的独立性大为增强。和前两年相比，孩子的思维能力也有了很大提高，甚至会进行简单的联想。总之，这一时期的孩子有了很大不同，那么具体有什么特点呢？

身体发育特点

2岁以后的孩子体重增长会放缓，身高的增长也会减慢。这时的孩子，体重一年增加约2千克，身高增加约6厘米。从此之后，孩子的身体发育就进入了稳步发展期，直到青春期才会再次进入身体发育的爆炸期。

孩子2岁半的时候，乳牙就长齐了20颗，这些乳牙可能长得歪斜，但大部分都能自然矫正。孩子的乳牙是非常脆弱的，在2－3岁前后，正是最容易长蛀牙的时期，父母应该多注意，要控制少给孩子吃甜食。

虽然这时候的孩子，还有婴儿时期矮胖、稚嫩的外观特点。但随着身体肌肉的发育，身体会更加直立，也会变得更加强壮。

男孩3周岁时的正常发育标准：身高平均为92～95厘米，体重平均为13～15千克；女孩3周岁时的正常发育标准：身高平均为91～93厘米，体重平均为13～14千克。需要注意的是，当孩子2岁之后，同龄孩子的身高、体重差异会比较明显。每个孩子的身体发育速率都有所不同，只要孩子身体健康，父母就不需要太过担心。

身体运动特点

2－3岁的孩子最鲜明的运动特点就是不停地跑和跳。当孩子学会走路后，他的身体协调能力将大为提升，运动能力也会随之增强。

2岁时的孩子走路已经很稳当，行走的方式已经和成人很相似；当孩子3岁的时候，行走会更加协调，踉跄的步伐会减少；3岁以后的孩子对身体的掌控会更加自如，后退、转弯、避开障碍物都会比较轻松，还能一边走路一边做其他事情。

这一时期，孩子的跑、踢、跳、蹬的能力趋于成熟。2岁多的孩子已经能够双脚蹦起来；3岁的孩子还可以双脚交替着上下楼梯。孩子总是又跑又跳不停地活动，一刻也闲不下来。父母应该为孩子提供安全、宽敞的场地，让孩子自由地运动。父母可经常带着孩子参加户外活动，多带孩子到公园或少年宫等地方玩耍。随着孩子运动能力增强，肌肉生长也会加快，肌肉的耐力也有所增强。

这一时期孩子的双手更加灵活也更有力。孩子会用手把球抛出去、能够搭积木、串珠子、玩彩泥、做手工；可以自己穿鞋、脱衣、吃饭。这个年龄段的孩子非常喜欢滑滑梯之类的简单运动，有的孩子已经能够自己骑小三轮车。

语言发展特点

2－3岁的孩子语言理解能力大为提升，能够听懂成人大部分的生活话语，并且能说较完整的句子来表达自己的想法。这一时期还是孩子掌握基本语法的关键期，当孩子3岁的时候，他就已经基本上掌握了母语的语法规则。说话变得比较规范和完整。

虽然此时孩子的语言仍有稚嫩之气，但他已经能够轻松组合不同的词语，连词成句。

2岁时的孩子就能够说出周围物体的名称；到了2岁半时，孩子可以说比较完整的话。但是由于孩子的神经系统发育还不完善，对发音器官和听觉器官的控制能力还相对较弱，发音有时会不清晰、不准确。这一时期，孩子很喜欢父母为自己讲故事，并能够理解简单的故事情节，甚至会记住一些故事片段。这时的孩子还能够唱一些简单的、节奏明快的儿歌。

这一时期，孩子会非常喜欢和别人交谈，有时还会自言自语地说话。尤其在搭积木之类的游戏中，经常一个人说得不亦乐乎，这都是孩子语言发展的表现。

需要注意的是，孩子的语言能力发展是不同的，讲话晚并不一定就说明孩子智力发育不好。孩子说话是一个自然的过程，只要孩子周围有足够丰富的语言环境，孩子最终都能学会说话。如果碰到孩子不愿意说话的情况，父母要多给予鼓励。

认知特点

在2岁之前，孩子主要通过自己的感官去触摸、观察、聆听等方式去了解和认识周围的世界。等孩子2岁之后，除了通过感知活动认知世界外，主动思考的成分也在迅速增加。正是思考让孩子的认知能力上了一个台阶。

这时的孩子已经逐渐对物体、事件、动作形成了比较清晰的概念，还能运用简单的思维去处理一些问题。孩子对时间、空间与颜色的认识也逐渐清晰，并开始理解抽象的数字含义。这一时期的孩子也开始理解物体之间的关系，还能够进行简单的因果分析，这都是孩子认知能力提升的表现。2－3岁的孩子记忆力也有所增强，能够记住一些儿歌、简单的古诗。

伴随着认知能力和理解力的提升，孩子的注意力也比2岁之前有了不小进步。一般而言，3岁左右的孩子注意力能够持续10~20分钟。在这个时间段内，孩子已经能比较清晰认真地去认识事物。

情感和社会性特点

2–3岁的孩子仍然不能控制自己的情绪。随着孩子自我意识的觉醒，与周围的“冲突”也越来越多，孩子因为生气而发脾气或者因为遇到挫折而哭闹的现象也会随之增多。哭泣、踢打、大声尖叫、扔东西都是孩子经常采用的发泄情绪的方式。

这时的孩子自我意识在觉醒，因而十分关注自己的需要，表现在行为上就是变得“自私”，拒绝和别人分享。这时的孩子只关心自己的需要，一切以自我快乐为目的，也没有意识去考虑他人的感受。孩子这种“自私”的表现，是孩子发展必然经历的过程，父母不必过于焦虑，要及时地给予孩子指导。

另一方面，2–3岁的孩子喜欢动手、乐于助人。当妈妈在扫地时，孩子也会学着去做，或者给妈妈帮忙。这个阶段孩子的交往范围也开始扩大，和小朋友的交往增多，一起做游戏成为孩子玩耍的主要方式，但也容易导致各种小矛盾。

独立性特点

2–3岁的孩子自我意识开始萌芽，语言和动作能力也得到快速发展，孩子也就有了独立的渴求，要求“摆脱成人控制”。

随着孩子认知范围扩大，孩子更喜欢自己到处去探索，不喜欢成人来干涉。这时的孩子甚至对成人表现出“排斥”情绪，比如不要成人抱，不愿意做成人要求的事。这时的孩子对自己的能力很有信心，喜欢自己穿衣服、叠被子。尽管对于这些简单的事，孩子还做不好，但是有强烈的愿望去做，还不允许别人批评指正。自己的事自己做，做自己喜欢的事是这时期孩子最鲜明的特点。

自我意识敏感期——孩子的“自我”诞生

瑞士著名心理学家皮亚杰研究发现，0－6岁的孩子，将自己的绝大部分热情和精力都投入到自我建构之中。正是自我建构的过程，让孩子获得了成长所需要的创造力、意志力和独立性。

孩子自我建构最基础的阶段就在于自我意识敏感期。在这一时期，孩子的自我意识不断觉醒。在发现自我的过程中，孩子不断塑造着自我，也不断表现着自己。尽管孩子在自我意识敏感期的表现大多是抗拒性的“不”，并且以自我为中心什么都是“我的”，但也正是在这个过程中，孩子辨别出了周围世界的不同，为其此后的自我发展奠定了基础。

在自我意识敏感期，对孩子来说，最重要的就是发现了自我的重要性。孩子不仅渴望“世界是我的”，还是渴望得到他人的喜欢和肯定，并最终建立起自尊感和独立意识。

这是我的——“自私”的孩子

从2岁开始，孩子会有这样一段时期——自己的东西不让别人动，也不愿意和别的孩子分享自己的玩具。这个时期的孩子有一种非常普遍的想法

“我喜欢的就是我的”。在他们的眼里，只要自己喜欢，别人的东西也是自己的，因而总是动手去抢。实际上，这些都是孩子以自我为中心的体现。

很多父母为此觉得很头疼，往往认为自己的孩子太过自私。实际上这只是孩子进入自我意识敏感期的表现。从某种程度上说，只有当孩子明白了什么是“我的”，才会逐渐明白什么是“你的”，最后分清楚自己的和他人的不同。一旦孩子做到了这一点，就会尝试着和别人分享或交换。等孩子4、5岁的时候，就开始很乐意和别人分享。

奕奕2岁了，近来总是喜欢和别人抢东西，就连在吃饭的时候也总是吵着把好吃的都放在自己眼前。有一次，奕奕妈妈做了丰盛的晚餐，把那些好吃的也尽量都摆在女儿面前。结果，当妈妈夹起自己前面盘子里的黄瓜时，奕奕就立即大哭起来，她一边哭还一边说：“我的，我的，这是我的。”

妈妈看着奕奕哭了起来，就赶紧把那盘黄瓜端了过去，但是奕奕还是一直在哭，嘴里还不停地喊着：“你吃了，你吃了。”妈妈劝慰了好久，才让她安静并继续吃饭。

专家解读

这样的场景几乎每位父母都遇到过。很多父母把这当成孩子淘气的表现，这是不对的，这正是孩子自我意识觉醒的表现。这时期的孩子认为所有的东西都是他的，还没有“属于别人”的概念。所以即使有时候孩子不愿意分享，父母也要适当顺应孩子的意愿。

当然，这也不是说就一味地迁就孩子。如果父母能提前和孩子做好沟通，孩子一般是不会哭闹的。父母也要有意识地引导孩子学会分享。在孩子不愿意分享而哭闹的时候，要及时转移孩子的注意力。

在自我意识敏感期，孩子对物品所有权的概念虽然是朦胧的，且分辨不清楚什么是别人的，但对东西的支配欲望却非常强烈。当孩子变得“自私”的时候，也就意味着他对世界的渴望增强了，对世界的认识也进入了新的阶段。

喜欢说不——“叛逆”的孩子

自我意识敏感期的孩子还有一种特别明显的表现，那就是总喜欢说“不”。让他吃饭他不吃，让他睡觉他不去，总是和父母作对。甚至有时候孩子嘴里说着“不”，但还是照样该吃饭吃饭，该睡觉睡觉。其实，孩子并非故意和父母作对，而是通过说“不”来建立“我”的概念，通过说“不”来确认自己的力量。

在自我意识敏感期，孩子逐渐发现了自我，有了“我有权决定自己的事情”和“我认为这是正确的”的意识。孩子通过说“不”来表明他有自己的想法，来感受自己决定事情的快乐。孩子说不，父母不必纠正过来，该做什么照做，不必和他商量分辨，这样并不会影响他的敏感期。这个时期的父母要尽量尊重孩子的选择，保护孩子好不容易发展起来的自我认识。

乐乐快3岁了，近来总是很执拗，喜欢和别人尤其是父母对着干。无论父母说什么，只要和他的意见不符，就会说“不”。乐乐还总喜欢怪罪别人，找父母的碴，动不动就耍脾气。

有一次，乐乐和爸爸一起搭积木，爸爸拿了一个圆形的积木做屋顶，乐乐立刻把它拿下来，换上了一个三角形积木，并对爸爸说：“屋顶是三角形的。”爸爸随口说了句：“圆形屋顶也很漂亮啊。”结果乐乐立即就推倒了积木，哭着说：“圆的才不好看。”

还有一次，乐乐很认真地洗了洗自己的小手，妈妈看到后非常高兴，拿着儿子的手就夸了起来。没想到，这一拿乐乐却哭了起来，边哭边说：“又被你弄脏了。”妈妈解释道：“妈妈的手也刚洗过，怎么会把你的手弄脏呢？”结果，乐乐更加生气了，一边拍打着妈妈一边喊着：“就是你，就是你弄脏了。”

专家解读 让孩子变得执拗的，并不是积木，也不是手脏了，而是孩子的自我意识。孩子的自我意识让他们产生了这样那样的想法，虽然这些想法在父母看来不一定正确，但孩子就是这么认为的。一旦父母和孩子的想法发生冲突，孩子就会哭闹起来。

碰到这种情况，父母要尊重孩子的认知与想法，当与孩子发生冲突时，也要采取迂回的方法解决。乐乐的妈妈可以说：“哦，被我弄脏了，那咱们再洗一下吧。”这样孩子的情绪就能很快安抚下来了。

孩子有了强烈的自我意识，父母就要有意识地尊重孩子对生活的认识，给予孩子一定的自由空间。在自我意识敏感期，孩子的执拗恰恰是其认知力发展的表现。

父母应该如何去做

帮助孩子与人分享：2岁左右的孩子，很喜欢抢别人的东西。而且自己的东西不允许别人碰，这些都是孩子自我意识觉醒的表现。不过，如果孩子总是抢别人的东西，或把任何东西都据为己有也是不好的，父母要给予适当地引导。

父母可以帮助孩子学习怎样与人分享。在孩子与小朋友玩玩具的时候，引导孩子与小朋友互相借着玩，玩完以后一定归还。在与小朋友交换的过程中，学会与人分享。

父母不要以自己的标准来判断孩子。不要因为孩子不愿意分享就冠以他“小气鬼”之类的称号。父母不要强迫孩子去分享，而是努力让他们感受到分享的乐趣。

鼓励孩子表达自己的想法：在自我意识敏感期，孩子的思维能力有了很大发展，开始有自己的想法和认知。虽然有时候孩子的想法不尽正确，有时候还非常偏执，但父母也不要强迫孩子按照成人的想法去做事情。

父母应该鼓励孩子表达自己想法，当孩子按照自己的想法去尝试做事的时候，父母也不要干扰。在自己尝试的过程中，孩子才能够逐渐认识发现自我，并认识生活的真理。

不要总是批评孩子：在自我意识敏感期，孩子的很多行为都让父母很头疼，总是忍不住批评孩子。其实，父母这样做是不正确的，很容易造成孩子自卑，或者让孩子进行更加激烈地反抗。

孩子的成长就是一个自我建构的过程。在这个过程中，孩子会通过占有物品来确认自我的存在和能力，父母要呵护孩子脆弱的自我意识。所以，当孩子不愿意分享的时候，父母也不要去谴责他。同样的，当孩子不按照大人的想法做事或者执拗的时候，父母也不要给孩子贴上“淘气”的标签。

在自我意识敏感期，孩子逐渐认识到“我”和“他人”的区别。在发现自我的过程中，孩子开始表达“我”的想法，开始意识到“我”可以去做哪些事，这都是孩子成长的表现。尽管在这个时期，孩子会有很多执拗的表现，但父母也要尊重孩子，让孩子自然度过这个时期，最终形成完整的自我。

秩序敏感期——动一点孩子就会哭

孩子有一段时间会做出一些让家长感觉非常“奇怪”的事。比如门铃声响起后，孩子一定要自己跑过去开门，如果父母先去开了门，孩子会很生气，会让客人出去重新按一次铃，然后自己去开。在孩子剥橘子的时候，如果大人帮忙把皮剥掉，孩子就会愤怒地扔掉橘子，然后再拿一个新的去剥。

类似的事情还有很多。当孩子做出这样的事情时，父母不必感到惊讶，这是孩子进入秩序敏感期的正常表现。在这一时期，孩子对事物的秩序要求很高，对物体的摆放空间、生活起居习惯、做事情的顺序、物品的归属等方面非常敏感，稍有变化就会引起他们的不适。

在秩序敏感期，孩子已经学会通过秩序建立自我和周围环境之间的关系。在这个过程中，孩子已经通过自己的感官，将自己内在的秩序需求和外在世界进行匹配。一旦两者发生偏差，孩子就会感到不安。

1－3岁的孩子，外在的秩序感表现得最为明显，也就是通常所说的秩序敏感期。孩子的秩序敏感期可概括为三个阶段：第一个阶段，因秩序被破坏而哭闹，一旦秩序恢复情绪就恢复；第二，极力维护周围的秩序，对破坏秩序的行为说“不”；第三，主动去恢复被破坏的秩序，一旦被破坏一切要重新来。

孩子的秩序感

实际上，孩子对秩序的敏感从出生的时候就开始了。刚出生的孩子会因为母亲身体不适而感觉焦躁不安。3、4个月的孩子看到面容姣好的脸或微笑而变得高兴，这都是孩子对自然秩序的反应。

孩子6个月大的时候，对秩序的感应会变得更加强烈。如果在熟悉的环境中突然增加了某些东西，他们会表现出不安，甚至会因为妈妈脱下外套而哭闹不止。这些，在成人看来微不足道的细节变化，都会引起孩子的变化。

当孩子进入1岁之后，对秩序的要求更高了，甚至到了近乎苛刻的地步。由于这时候的孩子有了一定的表达和行动能力，与成人关于秩序的冲突也在迅速增加。在这个时期，孩子难以变通，显得非常执拗，因此，也就被称为执拗敏感期。

等孩子进入3岁之后，对秩序的追求趋于理性，开始形成对规则的认同感。孩子的行为也随之变得规范，并要求成人也像自己一样，这时被称为完美敏感期。

秩序敏感期的表现

事物的空间秩序：孩子对事物在周围环境中的空间位置非常敏感。凡是自己周围经常被使用或见到的东西，都要保持原样，不允许做出任何改变。对于属于自己的东西，孩子更是非常在意，自己漂亮的小衣服、花花绿绿的小被子、五颜六色的墙纸等都不允许被别人挪动。对于家庭中日常的东西，孩子也是如此。有时候妈妈在厨房做菜的时候，孩子甚至不让妈妈去动放在地上的新鲜蔬菜。

孩子对事物的空间敏感，实际上源自孩子对事物本身缺乏安全感。一旦事物移动了位置，孩子就会感到不安，害怕熟悉的东西消失。

对新环境的恐惧：虽然孩子很喜欢认识新事物，一旦他真正进入全新的环境，就会变得无所适从，表现得十分胆怯。很多父母都有这样的经历，本来和孩子说好去参加某个活动，但到了活动地点，孩子却又吵着不肯进去。

孩子有这样的表现也不奇怪，一个全新的环境对孩子来说太陌生，让他们缺乏安全感。这时候，父母要尽量用新环境中一些好玩的东西吸引孩子的注意力，或者给孩子介绍新伙伴，建立起他对新环境的认同感。

对物权的敏感：秩序敏感期的孩子，对物品的归属非常敏感。在生活中，孩子很看重自己的生活用品，不允许别人用自己的水杯，不准别的孩子睡自己的床，自己也不喜欢用别人的被子、睡别人的床。孩子对物权的这种敏感还推己及人，不允许爸爸用妈妈的东西，甚至也不让他们互换座位……

对做事顺序的敏感：秩序敏感期的孩子对做事的顺序有近乎苛刻的要求。在成人看来，那些微不足道的变化会让孩子非常不适应。

在孩子2、3岁的时候，父母怕孩子烫着，会在让孩子吃饭前自己先尝一口，太热的话还会吹吹气，让饭凉下来。久而久之，孩子就对吃饭形成了固定的认识，父母不尝过的饭就不吃，即使饭不热，也要让父母吹一下。

夏初一个阳光明媚的周末，小天天一家去海边的沙滩上玩耍，一家人开开心心地玩了一两个小时。后来天气突然转阴，还刮起了冰凉的海风。小天天爸爸看着有可能下雨，就决定回家。

看着冰凉的海风吹着儿子，小天天爸爸就把自己的外套脱下来披到儿子身上，但是小天天并不愿意穿，一下子把衣服抖掉就跑远了。小天天爸爸看着妻子穿得有些单薄，就把外套让妻子穿上了。

结果，这下小天天不干了，拉着外套的袖子对妈妈说着："脱下来！脱下来！"爸爸对小天天说："你不穿，就让妈妈穿吧，你看妈妈穿得多薄啊。"但是小天天还是嚷着让妈妈脱下来，他都快急哭了。

专家解读

这是孩子在秩序敏感期对“物权”敏感的表现。在认识世界的过程中，孩子会逐渐形成物的归属概念，周围的东西都有所属，会让孩子产生安全感，也更容易让孩子去认识。

“是谁的就是谁的”是秩序敏感期的孩子非常普遍的想法和观念。在小天天看来，爸爸的衣服就是爸爸的，自己不能穿，妈妈也不能穿。孩子在这方面的执拗是可以理解的，这正是孩子对自己形成的“初步认识”的维护。随着孩子年龄的增长，对事物理解加深，这种执拗也就很快消失了。

父母要尽量理解孩子在秩序敏感期的特殊心理和种种表现，这是他建立自己认知秩序的必然结果。不要动不动就斥责孩子“淘气”，父母不恰当地批评，反而会导致孩子的认知出现各种问题。

正确对待孩子的秩序敏感期

父母在了解了孩子在秩序敏感期的心理和表现后，就要有针对性地对孩子进行引导。如果父母缺乏必要的细心和耐心，不能正确对待孩子的种种行为，就会给孩子以后的生活和学习造成不利的影响。

接纳孩子的执拗：孩子在秩序敏感期种种执拗的表现是孩子简单思维的结果。每个人也都要经过这个阶段，所以，父母苛责要求孩子是不对的。很显然，孩子的秩序感比较刻板，对成人来说完全是没有必要甚至是在捣乱。

简单的认知经验让孩子认为秩序是不可更改的。在孩子看来，维护恰当的秩序才是正确的。所以，父母要理解孩子，明白孩子的执拗是他认知过程的必然阶段。当孩子情绪波动执拗地要做某件事的时候，父母要尽量满足孩子的要求，同时加以正确的引导。

打造好第一秩序环境：孩子的秩序感要求保持周围环境的稳定，环境的变动会引起他们的恐慌和不安。既然如此，那就最好在孩子产生秩序感的第一时间就为孩子提供正确的秩序环境。从一开始就要求孩子吃饭时端坐在自己的位子上、上床就脱鞋、玩过的玩具要放进玩具箱……

父母在孩子产生秩序感的第一时间就培养孩子一系列的良好习惯，等孩子将这些好习惯内化为自己的秩序感后，就会收到事半功倍的效果。在井然有序的家庭环境里，孩子更容易形成文明的行为和美好的心灵。

给孩子提供一个有序的环境：破坏秩序无疑会让孩子的生活陷入不安全感，孩子不得不把大量的精力转移到对秩序的维护之中。孩子的秩序敏感主要集中于物品、空间、顺序、生活习惯上，保持这些方面的稳定非常重要。

实际上，孩子的记忆是短期性的。正是这种记忆模式，让孩子对近期的事物非常敏感，这也是其保持认知连贯性的必然要求。所以，一旦孩子周围的东西不断发生变动，就会让孩子感觉无所适从。

秩序敏感期对孩子的成长产生十分重要的影响。对于孩子来说，秩序就是孩子最自然的认识世界的方式，通过有秩序的生活与观察，孩子获得了认知的快乐。处于秩序敏感期的孩子开始逐渐认识外在世界的规则关系，而这种认识为孩子以后规范的行为和道德意识的产生奠定基础。

尽管我们并不可能完全理解孩子的世界。但当孩子进入秩序敏感期的时候，我们可以尊重孩子独特的心理，尽量为孩子提供一个有秩序的环境，促进孩子健康发展。当孩子因为某种秩序被破坏而执拗的时候，父母要多理解孩子特殊的心理要求。秩序是孩子的一种生命需要，在孩子进入秩序敏感期，父母给孩子提供一个自由、有序的环境非常重要。

细微事物敏感期——“观察欲爆发”的孩子

当孩子1岁半左右能够走路的时候，身体的各个器官都被孩子调动起来，进入了观察世界最活跃的阶段。随着孩子活动范围的扩大，他们的探索和认知活动也大为拓展，周围的一切都深深吸引着他们的目光。

孩子从1岁半到4岁，会进入细微事物敏感期，这时的孩子有着令成人惊叹的观察力。在2－4岁，孩子对细微事物的敏感最为活跃，也是孩子观察认知的关键期。这个时期孩子观察有鲜明的特点——掌握事物的细节。

很多父母都有这样的经验：2、3岁的孩子蹲在地上目不转睛地观察地上的蚂蚁；孩子总是不好好走路，一边走一边小心翼翼地捡起路边的小石头……忙碌的成人经常会忽略周围的微小事物，但是孩子总喜欢探究里面的奥秘。

当然，孩子这种认知特点也是受其身体和心理条件决定的。孩子的身体弱小，目光所能观察的范围有限，加上孩子的心智也非常简单，不可能从整体上认识大的事物，也无法进行系统的思考。对于孩子来说，最好的认识方式就是从简单的小东西入手。当孩子常常做出一些成人不理解的“着魔”表现时，父母不要刻意地去干涉。无论孩子是捏起掉落地上的树叶不停地观看，还是把小玻璃球、小豆子等东西收集到自己的小箱子里，这些都是孩子在进行探索认知的表现。父母最应该做的就是引导孩子去好好观察，提高孩子的认知力。

“眼睛尖”和“着了魔”的孩子

2－3岁的孩子，手部的精细动作已经比较熟练，行走能力也非常完善。

正是在灵活的手脚动作支持下，孩子能够对细微事物进行细致的观察。在细微事物敏感期，孩子到处跑来跑去，任何角落都逃不过他们的眼睛。不少成人都感叹“孩子的眼真尖啊”，绿豆大小的石头、细小的线头、墙角里不起眼的小花……丝毫不会引起成人的注意，但却逃不过孩子的眼睛。

当窗台上一朵小花开了，当妈妈脸上长了一颗小痘痘，孩子都会第一时间注意到，并为自己的发现而高兴不已。孩子正是在对细微事物的观察中，建立起了自己的观察力。

孩子热衷于观察细微的事物简直到“着了魔”的地步。孩子会捡小石块捡得不亦乐乎，小纸屑一玩能玩一个下午。完全沉浸在自己的世界中，无论爸妈怎样叫，孩子都置之不理。父母应该为“着了魔”的孩子感到高兴，正是因为孩子这种专注，打开了他们认知世界之门。

慧慧快3岁了，是一个聪明活泼的孩子，对什么都充满了好奇心。慧慧每天都跑来跑去，喜欢不停地观察。

一天，妈妈带着慧慧去公园玩，在路上妈妈计划着这次到公园，先给孩子讲那些花花草草，再带着孩子去坐游艇。一想到能够给孩子讲很多知识，妈妈就非常激动。

本来母女俩走得很愉快，但快到公园门口的时候，慧慧却突然停了下来。妈妈以为她走累了，就想让她休息一下。然而，慧慧只是蹲了下来，对着地面看得津津有味。

原来，地上有几只蚂蚁，正在奋力拖着一块面包屑爬行。妈妈催着慧慧赶快走，但是，她依然看得津津有味。过了两分钟，见孩子还在那里蹲着看，焦急的妈妈一边拽起了孩子，还一边吓唬她：“再看，蚂蚁会爬到你身上咬你的，把你的肉拖走。”结果，慧慧吓得立刻站了起来，匆匆跟着妈妈走了。

从此之后，慧慧再也不敢观察蚂蚁，一看到蚂蚁，她就会远远地躲开。

专家解读 慧慧观察蚂蚁，正是她处于细微事物敏感期的表现。这时候那些细小的事物对其有莫大的吸引力。对于成人来说，蚂蚁没什么稀奇的，但是对于孩子来说却不是这样，孩子和成人的关注点是不同的。

成人尤其是父母不要把自己的观念强加给孩子，不要自以为是地认为孩子应该学习哪些知识。孩子有自己特殊的认知秩序，父母要尊重孩子的这种认知。父母不要采用不正确的吓唬方式来让孩子听话，这样不仅会让孩子对事物产生错误的认知，还会对孩子的心理造成伤害。

实际上，细致观察小事物就是孩子的“工作”。父母应该尊重孩子观察事物的选择，不要采取阻止、斥责甚至是吓唬的错误方式来对待孩子那些看似很幼稚的行为。

父母应该如何做

在细微事物敏感期，那些细小的事物总能吸引孩子的注意力，给孩子带来无穷的乐趣。孩子的观察也是认知能力提升的表现。在这个时期，父母要多理解孩子的行为，帮助孩子释放自己的观察力。

不要随便干扰孩子的观察：对于孩子来说，整个世界都是新奇的。但是由于认知能力和身体条件所限，孩子只能从细微的事物开始去认识世界。对于孩子来说，观察细微事物就是一件值得聚精会神去做的“工作”。

然而，许多父母没有意识到这一点，也没有看到观察对孩子认知能力提升的作用。许多父母总是按照自己的想法和意愿，在孩子进行观察的时候干扰他，甚至是阻止他。父母应该给予孩子自由的时间和空间，让他去完成自己的认知过程。

给孩子创造适当的观察机会：既然孩子很喜欢观察细微事物，父母就可以为孩子创造一些观察机会。比如带孩子一起去看路边掉落的树叶，或者墙角的小花小草……父母同时也可以给孩子做一些适当的讲解，让孩子在体会观察乐趣的同时，从中学习知识。

父母在给孩子创造观察机会的时候，一定要遵从孩子的意愿，不要因为孩子不愿意听从自己的安排就强迫孩子。有的父母认为直接将许多小东西摆在孩子面前，孩子就会自己去认识。这种方法实际上对孩子也是一种强制，因为还没有开始观察，孩子很可能已经不感兴趣。父母还要适当控制孩子的观察时间，否则会让孩子产生厌倦情绪。

别随意扔孩子的“宝贝”：当孩子对一些小东西非常感兴趣的时候，就会将其收集起来反复观察。因为孩子收集的东西往往是一些毫无价值的东西（如小石头、碎纸片、小铁钉等），父母总是习惯性地扔掉。

实际上，孩子的这种收集行为是孩子认知发展的需要。孩子的记忆力不强，要通过反复观察看到的东西来加深印象。虽然孩子收集的东西在成人看来没有实际价值，但是对孩子来说，却有着极大的认知价值。父母可以专门为孩子准备一个小盒子让他存放自己的宝贝。

带孩子去大自然：对于孩子来说，大自然是最好的老师。大自然为孩子提供了最自由且丰富的观察环境，父母应该多带孩子去大自然，让他亲自去观察更多的事物。

让孩子接触大自然的时候，父母要给孩子充分的自由度，不要提前给孩子布置所谓的“认知目标”，也不要按照自己的想法给孩子传授知识。孩子只有体验到大自然的乐趣后，才更愿意去观察自己感兴趣的事物。父母想要引导孩子了解更多知识，也要以孩子的兴趣为基础。

在细微事物敏感期，父母一定要认识到孩子独特的内心世界和认知秩序，理解孩子对细微事物观察的行为。父母要给予孩子自由的时间，并有足够的耐心。一旦孩子养成了善于观察的好习惯，会为孩子以后的生活和学习打下良好的基础。

空间敏感期——垒高楼的“梦想家”

当孩子学会走路后，很多父母会发现孩子非常好动。孩子会把瓶子里的东西取出来，然后再放进去；孩子总是喜欢捉迷藏，藏到柜子里、床底下；孩子到处找小洞，不停地把手指伸进来伸进去，或者往里面塞东西……

以上都是孩子对空间敏感的表现。空间敏感期与孩子视觉能力发展同步，孩子的空间感也从平面走向立体。在0-6岁，孩子的空间感一步步走向成熟。当孩子能够把不同物体区别开，或者能够看清楚物体边界的时候，他的空间感就一步步被唤醒了。2-3岁是孩子空间感发展最关键的时期。在这一时期孩子对立体空间的把握能力明显增强，并常常与运动联系在一起，这标志着孩子对空间的认识趋于成熟。在此后的时间里，孩子通过不断地熟悉和联系，最终形成完整的空间感知能力。

孩子空间感的发展历程

孩子空间感的建立是和视觉发展联系在一起的，呈现出很明显的对应关系。伴随着孩子对物体形状、大小、色泽、明暗、运动认知的加深，孩子对空间的感知也逐渐成熟起来。

0-6个月：在这个时期，孩子的视线是模糊的，视觉是平面的，此时孩子的空间感非常微弱。当孩子4个月大的时候，开始慢慢认识到事物的不同，一旦孩子开始分辨事物的差异，以事物为基础，就代表孩子开始对空间形成朦胧的意识。

6－12个月：当孩子过了半岁，逐渐对色彩产生浓厚的兴趣。随着孩子对色彩感知能力提升，孩子大脑视觉区很快发育。这一时期的孩子已经能够认识到事物的边缘，对事物的色彩对比认识也逐渐加深，奠定了孩子对空间认识的基础。

1－3岁：这时的孩子已经能够辨认出简单的形状，对立体事物的感知也加强了。1岁多的孩子经常将玩具往杯子里塞，或者将积木简单垒起来。这些都是孩子探索空间的开始。

2－3岁是孩子空间概念发展最快的时期。孩子对空间感觉的准确度有了很大提升，比如能感觉到多大的东西可以放到瓶子里。

这时的孩子还会使用许多空间词汇，比如后面、上面、这里、那里、楼下、楼上等。此时的孩子对“来”“去”等运动词汇也能正确理解。但是这时的孩子对“左”“右”的概念并不太理解。

3－7岁：在这个时期，随着孩子积累了大量视觉经验，几乎所有的视觉能力都已经成熟。孩子已经能够很轻易地分辨线条、色彩、立体、运动，对速度也有了一定的把握。这时孩子已经完全建立起了三维立体感知，对四维空间的认识能力也逐渐成熟。

孩子空间敏感期的表现

在空间敏感期，孩子需要通过身体不停地去探索。在这个过程中，孩子通过各种活动，培养起了空间认知能力。孩子种种探索，时常让父母非常担忧，害怕孩子受伤。实际上，孩子具有保护自己的本能，在尝试的时候能够主动保护自己，父母在消除孩子不能应付的危险之后，就可以放心大胆地让孩子去尝试。孩子在空间敏感期的绝大部分表现也是不具有危险性的，父母只需在旁边提供必要的保护即可。

扔东西：孩子喜欢扔东西，既是孩子空间敏感期的表现，也是孩子动作敏感期的表现。孩子扔东西就是因为他感觉到了物体与物体之间是有距离的。通过扔来反复确认这种距离关系，并对距离的远近慢慢产生了正确的意识。孩子在扔的过程中还逐渐对运动产生了兴趣，这也为孩子形成四维的空间认识打下了基础。

捉迷藏：捉迷藏是孩子在空间敏感期非常喜欢玩的游戏，这是因为孩子对那些狭小的空间充满了好奇，在躲藏的过程中，孩子对各种空间有了充分的认识。门后面、沙发边、窗帘后、床底下、衣柜里等都是孩子非常喜欢的地方、各种各样狭小的空间带给孩子新奇的体验。对孩子来说，捉迷藏的乐趣不仅在于藏，也在于被找到。孩子既为自己能藏到一个隐蔽的地方而高兴，更为自己被找到而感到兴奋。

垒高楼：把各种东西垒起来然后再推倒，是孩子非常喜欢的游戏。除了搭积木外，还喜欢把椅子摞起来，垒起来当火车头推着玩；把被子摞起来，在上面蹦来蹦去……

对孩子来说，最常玩的垒高游戏就是搭积木了。一开始的时候，孩子可能对积木大小没有概念，乱搭一气，垒不了多高就倒了。等孩子反复垒搭后，就对积木的大小和形状有了认知，知道把大的积木放在下面，知道尽可能用大的那一面去垒。在搭积木的过程中，孩子对形状、大小等空间因素的认识逐渐加深了。

找空洞：空间敏感期的孩子对各种洞洞都非常感兴趣。在绝大多数情况下，洞洞意味着隐藏了另一个空间，会激发起孩子强烈的探究欲望。墙上的小洞、下水井井盖上的小孔、矿泉水瓶瓶口都是孩子非常喜欢探索的地方。

往洞洞里塞东西或伸手指是孩子最喜欢干的事情，这是孩子探索隐藏空间的表现。孩子还喜欢来回拧瓶盖，不断地把瓶子上的盖子拿掉，然后再盖上。瓶盖和瓶口的契合也让孩子对空间的大小有了更精准的认识。

怎样培养孩子的空间感

2－3岁是孩子空间概念形成的关键时期，父母要多给孩子创造探索机会，帮助他形成正确的空间意识。实际上，培养孩子的空间感觉，并没有想象中的那样困难，给孩子自由探索的空间就很好。在日常生活中，多给予孩子探索的机会，他就能很容易建立起正确的空间感。

让孩子多走路：走路本身就是对空间的一种感知。在走路的过程中，无论是快慢变化、方向变化，或是跨越障碍，都会让孩子对空间的感知更加真实。在孩子走路的过程中，会发现很多他感兴趣的东西，尤其是各种空洞，这都是孩子认识空间的好机会。

所以，在保证孩子安全的情况下，父母可以多让孩子走走，不要因为怕跌倒而限制孩子的活动区域。孩子探索的机会越多，越能对空间形成正确的认识。

多带孩子去户外：户外要远比家里的环境丰富得多。在户外，孩子有更多机会去观察和体验。公园、游戏场甚至街道，都是培养孩子空间感的好场所。公园里一般有各种小岔路，带着孩子多走走，对孩子方向感的形成很有帮助。在游乐场溜滑梯，当孩子爬上又溜下来的时候，对“上”“下”的观念感受无疑更深了。

让孩子参与简单的家务：家务会涉及各种方位词和空间，父母多让孩子参加简单的家务也是锻炼孩子空间感的好方法。比如让孩子把自己的小鞋放到鞋架上；让孩子把自己的衣服放到柜子里；让孩子把筷子和勺子放到碗里等等，这些活动都有助于孩子形成正确的空间意识。

在让孩子做简单家务的时候，一定要注意孩子的安全，尽量不要让孩子拿易碎的玻璃杯、碗之类的物品。同时，父母也要尊重孩子的意愿，不要给孩子太多的“任务”。

凡凡快3岁了，是一个淘气又爱探索的孩子。每当出门沿着街道走路的时候，他总喜欢东张西望，看到下水井盖，就高兴得不得了，经常从路边捡起小石头就往井盖上的小洞里扔。对于凡凡来说，各种孔洞都让他兴奋不已。有一天，凡凡爸爸准备开卧室门的时候，发现钥匙插不进去了，后来，他才发现是凡凡用水把纸弄湿后塞进了钥匙孔里。

凡凡还是一个聪明伶俐的孩子，妈妈教会了他如何冲马桶。旋转的水流让他很感兴趣，一有空就去按一下。后来，他发现马桶水能冲走东西，于是，他不停地往里面扔东西，然后用水冲走。有一次，他还把爸爸放在桌子上的一串钥匙扔到马桶里冲走了。

专家解读

凡凡的这些行为正是他进入空间敏感期的表现。无论是往下水井盖上的小孔里塞东西，还是往钥匙孔里塞纸，都是他探索隐秘空间的表现。孩子正是通过类似的行为在探索空间。

凡凡用马桶水冲东西是孩子观察物体运动的表现，进而可以进一步了解空间。运动不仅让孩子了解了立体的三维空间，还让孩子认识到不断变动的四维空间，这是孩子认识的一大进步。当然，往马桶里扔东西冲走是不好的行为，父母要对孩子进行正确的引导。

无论怎样培养孩子的空间感，最终都是为了让孩子多接触空间。或许孩子对空间的认识伴随着一些破坏行为，比如往瓶瓶罐罐里塞石头、泥土；把花瓶推倒，碎了一地……父母对于孩子的这些行为最好不要过分指责。很多时候，孩子并没有意识到自己行为的后果，父母过分批评孩子是没有必要的。

了解孩子的空间敏感期，尊重孩子的探索愿望，是父母帮助孩子形成良好空间感的关键。当他们开始走路之后，展现在孩子面前的就是丰富多彩的空间。孩子不断探索空间奥妙也是其认知能力发展的体现。当孩子探索的时候，父母要克服恐惧心理，站在孩子身边保护即可，让他去发现和完善自我。

模仿敏感期——想学什么就学什么

美国著名心理学家杰罗姆·凯根，曾对婴儿和儿童的认知和情绪发展做了详细研究。他发现孩子对周围环境的模仿在孩子成长中起着非常关键的作用。凯根说："对于儿童来说，模仿是一种获得愉快、力量或渴望目标的主动尝试。"意大利著名的教育家蒙台梭利也曾说："模仿对孩子认知发展起着非常重要的作用，我们不能硬生生阻止孩子模仿，否则就是阻止孩子的成长。"

无数教育理论都证明了模仿在孩子成长中的作用。孩子从出生到成人是一个漫长的成长过程，正是通过模仿学会了成长所需的各种能力。在这个过程中，孩子就是一个充满激情的观察者。实际上，孩子在每一个敏感期都伴随着模仿行为，在模仿中释放自己的生命潜能。

孩子成长是一个从无到有的过程。孩子通过一遍又一遍地模仿逐渐成长起来。正是模仿，让孩子一步步走向独立。孩子通过模仿爸爸妈妈的声音学会了说话；孩子通过模仿学会了吃饭、洗碗、拖地；孩子通过模仿学会了画画、写字……孩子模仿的水平越来越高，掌握的技能也就越来越丰富。对孩子来说，认识世界的最早途径就是通过模仿。在模仿的过程中，孩子逐渐意识到"我能做""我能行"，正是在这种意识唤醒下，孩子拥有了学习和创造的能力，让孩子逐步走向独立。

孩子的模仿

孩子的模仿行为在0－6岁比较明显，每个阶段的模仿重点也和孩子能力增长相一致。在2－3岁，孩子的各项能力都进入了爆发期，此时的模仿行为也最为突出。

对于思维能力简单的孩子来说，模仿就是最实用的学习工具。孩子从一出生起就已经开始模仿了。研究发现，孩子在出生后的几天，就会模仿成人张嘴、微笑。当孩子进入语言敏感期的时候，会模仿家人的说话方式和发音，最终，形成与父母相一致的语言结构。

当孩子进入2岁之后，开始模仿父母的行为。父母的言行等社会行为成为孩子与他人交往的模范。通过模仿，孩子还将各种行为协调起来，逐渐学会了一些独特的生活和交往的能力。

进入4岁后，孩子的模仿行为更深入和全面，也更加隐蔽。此时，孩子不仅学习具体的行为和某类动作，而且还学习父母为人处世的态度。孩子不仅掌握了一系列技能，还根据自己的观察和理解将之运用到生活中。

什么都模仿的孩子并非捣蛋鬼

虽然模仿是孩子学习各种技能的重要途径，但在绝大多数时候，孩子的模仿都让父母感到“头疼”。孩子像只鹦鹉一样模仿大人说话，让大人非常尴尬；孩子模仿父母用勺子喝汤，结果洒到了桌子、衣服上；孩子吵着自己去浇花，结果把水洒的遍地都是……

孩子的智力和能力都是非常稚嫩的，在模仿的过程中，难免会出现各种各样的问题。孩子正是通过不断地模仿才学会某一技能，失败反而是模仿的常态。

成人经常会发现，孩子在模仿的时候神态是非常专注的，意味着孩子付出了自己的努力。孩子的这种努力正是他们主动学习的表现。当孩子什么都模仿，或者模仿得一塌糊涂的时候，父母不要以自己的道德标准和正误判断去衡量孩子的行为，而应该积极引导孩子，让孩子在模仿中获得成功的体验。

菲菲快3岁了，不管妈妈做什么，她都要掺和一下。一天妈妈在家洗衣服，菲菲看到了就高兴地跑过来要帮忙。妈妈拗不过她，就让她也蹲下来把手伸到了盆子里。菲菲学着妈妈的样子，拽起一件衬衫搓了起来。她一边"洗"一边高兴得手舞足蹈，把水弄得到处都是，洗衣粉也撒了一地，最后，她的衣服也湿了一大片。妈妈看到她只会"捣蛋"，就很不高兴地说："说不让你洗你偏要洗，弄得到处都是，衣服还湿了，赶紧换衣服到一边玩去！"

有一天，姥姥发烧了，菲菲看到姥姥躺在床上、头顶放着毛巾非常有趣。她迅速跑回卧室，爬到床上盖好被子，又把枕巾胡乱叠起来放在额头上，之后大声喊着："我发烧了。"忙得焦头烂额的妈妈听到孩子喊后，赶紧跑过来摸摸菲菲的额头，发现孩子是在恶作剧，生气地批评她说："妈妈都快忙死了，你还在这里捣乱。"妈妈还忍不住打了她屁股一巴掌。菲菲感到非常委屈，哇哇大哭起来。

专家解读

在孩子的意识里，模仿没有"好坏""对错"之分。他们只是感觉所模仿的对象或模仿行为比较有趣。对孩子来说，通过模仿来熟悉各种新奇的东西是最好的方式。正是因为孩子对模仿没有"好坏"判断，所以才会做出一些成人看起来的"捣蛋"行为。

每位父母都要意识到，模仿是孩子学习的方式。孩子学会自己吃饭、洗衣服就是模仿的结果。一开始难免会有失败，父母要让孩子多多尝试。即使有时候孩子做了一些让人哭笑不得的模仿行为，父母也要正确的引导孩子。

充分利用模仿

模仿是孩子观察世界并进行实践的活动。这个活动对孩子认知发展和能力提升有很大帮助，父母要充分利用模仿来提升孩子的能力。当孩子进入模仿敏感期，父母要给孩子自由的模仿空间，满足孩子的模仿愿望。

让孩子学会自理：孩子的基本生活能力在 3 岁之前就应该养成。在这个阶段，模仿无疑是最有效的方式之一。这个年龄的孩子对什么都有很高的参与热情。在家里时，大人在做什么事，孩子都喜欢抢着去做。妈妈拖地的时候，孩子总是嚷着抢过拖把，自己“装模作样”地拖起来。无论是学大人说话还是学大人做事，孩子都非常积极。父母不妨好好地“利用”孩子的模仿特性，让孩子做一些力所能及的事，培养孩子的生活自理能力。

这样一来，孩子慢慢就学会了吃饭、洗手、洗脸、洗衣服、浇花等各种技能。

引导孩子成长：孩子模仿不仅停留在表面的行为上，而且还深入到气质、性格等更深层次方面，这直接影响着孩子的未来。孩子最初主要是动作模仿，获得各种能力。到了后来，就发展到对更抽象事物的模仿。有一句俗语“孩子是父母的一面镜子”，孩子的言行很大程度上受父母的影响。孩子的性格、兴趣爱好、意志能力等也直接受到父母的影响。

在教育心理学上有“每个问题孩子背后都有问题家长”的说法。父母在孩子的模仿敏感期时，要时刻注意自己的言行，因为那些不好的行为习惯和不当的言行举止，会直接影响着孩子的成长。

孩子的每一次模仿都是自我成长的过程。在模仿敏感期，父母要正确看待孩子无时不在的模仿行为。父母一方面要正确引导孩子的模仿行为，培养孩子各种能力；另一方面要做好模范，为孩子的言行和品质打下坚实的基础。

第6章

踏入新环境：开启天赋之窗

孩子的特点

在3-4岁，孩子的生活和活动都发生了很大变化。3岁是孩子生活上的一个转折年龄，大都进入了一个全新的环境——幼儿园。进入幼儿园，意味着孩子离开父母开始过起了集体生活。在这个阶段，孩子的身心发展，也直接决定着孩子能否适应环境的变化。

孩子在3岁之前学会的种种能力为他们的集体生活打下了坚实的基础。在幼儿园生活中，孩子开始接受初始的“学校教育”，认知能力也将得到迅速发展。

身体发育特点

这一时期孩子身体肌肉组织进一步增加，脂肪比重下降，婴儿期那种“胖嘟嘟”的感觉没有了。孩子的骨骼也更加结实，身体显得强健。孩子的上下肢更加协调，身体也更加苗条有型。伴随着身体发育，孩子的抵抗力也得到了提升，不再像以前那么容易生病。

这个年龄段的孩子身高增长的速度有所放缓，而且身高增长要快于体重增加，这使孩子看起来会有些消瘦。一些家长认为消瘦的孩子身体不健康，其实不然，这一时期孩子身体发育转移到骨骼强化、器官的功能增强、大脑皮层发育。

3-4岁孩子的神经系统已经很完善，大脑皮层细胞也继续分化，让孩子的身体变得比较协调。孩子的精力也更加充沛，能够支撑他连续活动三四个小时。

身体运动特点

3－4 岁孩子身体和手的基本动作已经能够很好协调，站立、行走、跑动、蹦跳等已经相当娴熟。随着孩子骨骼肌肉发育和大脑控制能力增强，3－4 岁的孩子能够掌握各种大动作和一些精细动作。尽管这时孩子手部小肌肉发育还不完善，但是手的协调能力有了较大发展。这时的孩子会折纸、画画，还能使用剪刀剪纸，这一切都说明孩子的动作已经非常精细化了。

3－4 岁的孩子行走能力进步也非常明显。3 岁前孩子走路还不时有些踉跄，3 岁后走路的步伐就比较平稳了，无论步速还是步伐都比较有规律。3 岁半的孩子已经能够用双脚交替爬楼梯。

语言发展特点

3－4 岁孩子的语言能力又进入了一个爆发期，发展极为迅速，表达能力迅速提高。此时的孩子词汇量有了很大提升，3 岁初的孩子大概掌握 300 个词汇，到了 4 岁的时候，就已经能掌握大约 900 个词汇。

随着孩子词汇量增加和思维能力提升，孩子说话也变得更加自如。大多孩子已经能说五六个词语组成的长句子。这时的孩子变得特别爱说话，和小朋友或成人在一起时总是说个不停，即使一个人玩的时候，孩子也经常会自言自语。

3－4 岁的孩子说话比较清晰，尽管发音还不够准确，但很容易听懂。由于语言能力提升，孩子的交往能力尤其是和小朋友相处能力有很大提升。孩子之间的话题越来越多，从动画片到玩具；从游戏到图画书，都是他们津津乐道的话题。

3 岁以后的孩子记忆力显著提升，儿童的智力发育很快。那些简单的图画书只要多读几遍，就能完全记住，甚至还能自己去讲。简单的儿歌也能学得非常好。4岁左右的孩子一般都能背诵几首儿歌和唐诗，还能重复简单的小故事。

认知特点

3－4岁孩子对周围世界充满了好奇，不停地向成人提出各种问题。虽然孩子的问题显得幼稚，但是孩子特别渴望得到积极的回答。当孩子拿到一个新东西时，不再是单纯地玩耍，而是喜欢摆弄，探索其中的奥秘。

这个时期的孩子对周围的事物兴趣很浓，总是不停地问“这是什么”“为什么”等问题。孩子行动自如，认知范围更广，对周围世界探索深入到方方面面，加上孩子有很高的学习热情，逐步形成比较丰富的生活和学习知识储备。

依靠视觉观察和动手认识进行思维，是4岁前孩子基本的思维特点。尽管这个时候孩子的思考能力和认知水平得到了很大提升，但还需要大量的外界刺激。在思维能力的支持下，孩子逐渐认识到不同事物的属性，比如大小、形状、长短、多少等。孩子已具备了区别不同物体的能力，如抽象的圆形、三角形，孩子也能很容易辨认出来，并说出其特点。

情感交往特点

与2－3岁孩子在自我意识敏感期的“自私”和“执拗”相比，3－4岁的孩子已经能理解他人的情感。当孩子的要求没有得到满足或与别人发生冲突的时候，孩子不再随便就哭闹，而是愿意“讲道理”。

孩子的情感世界也逐渐丰富起来，看见生病的父母、摔跤的小朋友会表示出同情。在父母和幼儿园老师的启发下，孩子还会做出安慰、关心和帮助他人的行为。此时的孩子对别人的意见，尤其是别人对自己的评价非常敏感。当自己做错事受到批评时，孩子会表现出害羞的情态，这也说明孩子有了一定的是非观念。

3－4岁孩子的社会交往范围大大拓展，从家庭成员扩大到幼儿园的老师和小伙伴。孩子对老师往往非常亲近，同时愿意接纳更多的同伴。

在和小伙伴交往的时候，孩子不再那么自私，很乐意和别人分享玩具。孩子喜欢和别的孩子一起做游戏，而不再一个人玩耍，懂得在游戏中相互配合。在选择玩伴的时候，孩子也表现出自己的倾向性，还慢慢发展成友谊。这个时期的孩子对别人的关注也增强了，爱管小伙伴的事，喜欢“告密”，经常把别的孩子做的事情告诉成人。

新语言敏感期——表达能力大爆发

进入3岁之后，孩子的语言能力进入了第二个爆发期，一直可以持续到6岁左右。3－4岁是孩子自我语言形成期，孩子也逐渐形成了语言综合能力，这一阶段可以称为“新语言敏感期”。

在0－2岁的语言敏感期，孩子的语言学习主要是无意识的行为，孩子还并未真正意识到语言的含义。等孩子进入3岁后，他们才逐渐认识到语言的内涵，掌握了母语的语法规则系统，有了很强的语言理解和表达能力。可以说，这时的孩子已经成为了真正的语言交流者。在交流中，孩子对语言的理解也会进一步加深。

自我语言和运用语言

3－4岁是孩子自我语言的发展阶段。这一阶段，孩子对语言的理解和表达能力都有了大幅度的提升。这时的孩子对各种词汇都非常感兴趣，也是学习词汇的最佳时期。在积累了大量词汇的基础上，孩子逐步完善了自己的语言，能够说比较复杂的句子。这个时期的孩子还有了一定的语言调节能力，能够根据成人的说话方式来修正自己的语言。当然，成人不好的语言习惯也很容易被孩子模仿。

3-4岁孩子的语言运用能力有了大幅度的提升，能够比较清楚地表达自己的想法甚至描述自己的见闻，也有人说这一段是孩子“运用语言敏感期”。正是由于孩子语言能力的提升，他们非常喜欢听故事、听儿歌，和成人喋喋不休的对话。

读故事、讲故事是这个阶段最鲜明的表现。很多父母会发现，只要有空，孩子就会抱着图画书要求成人给他们讲故事。尤其是4岁左右，即使很多故事已经讲了很多遍，孩子还是会要求父母一遍一遍地给自己讲。

故事中的语言还会融入到孩子日常的交流之中，他们对其进行模仿和修改，并最终内化成自己的语言。4岁左右的孩子，语言能力明显提升，甚至还能运用一些“生僻”的成语。

爱“诅咒”的孩子

这一时期孩子的活动范围大大拓展了，和别人尤其是小朋友之间的交流增多了，语言变得丰富很多。但是，随着孩子语言能力的提升，父母也会发现，孩子变得喜欢诅咒、骂人了。

不过，即使这一时期的孩子爱诅咒，一般也是和别人交流失败或自己的要求没有得到满足之后才产生的，而且针对父母的比较多。

孩子爱诅咒一般出现在3-4岁，说些“坏爸爸”“臭屁”之类的话。这个时候的孩子对语言的理解加深了，发现了语言本身的力量，就用这些带有诅咒习惯之类的话来表达自己的情感和意愿。孩子也通过观察别人的反应来判断语言的力量。

很多孩子都会经历这一阶段，所以，有人称之为“诅咒敏感期”。在这一阶段，孩子不仅会说一些脏话，还会说“打死你”“你吃屁”之类具有攻击性的语言。这时父母不必反应过度，否则，反而会助长孩子说这类话的频率。

慧慧3岁半了，近来妈妈发现她“暴躁”了许多，尤其对爸爸经常说一些气人的话，让她感到哭笑不得。一天吃过晚饭，慧慧缠着爸爸，让他给自己买一个新的电动小汽车玩具。爸爸看着家里的那个小汽车还没有坏，就没有答应。慧慧缠着爸爸有一阵子后，看着爸爸始终不肯答应，慧慧就很生气地走到妈妈面前大声地说：“爸爸坏，我要打死爸爸！”

有一天，慧慧和幼儿园的小朋友因为一个玩具而发生了一点儿小矛盾，回到家还是闷闷不乐。看着一脸委屈的孩子，慧慧妈妈就说：“妈妈抱着你睡吧？”结果她却扭过头说：“我才不呢，你是臭屁！”妈妈听了，有些生气地说：“你这孩子，我不要你了！”结果慧慧回头对妈妈嚷道：“你是坏妈妈，我不要你了！”

专家解读

3－4岁的孩子很喜欢用那些攻击性的词语来表达他们的情绪。在孩子看来，这些话没有“不雅”的感觉，也没有成人眼里的谩骂意味。孩子之所以这么说话，就是因为他们发现了那些攻击性的词语有力量，会让成年做出反应或向自己妥协。

当孩子说一些诅咒性的话时，成年人没有必要做出过于激烈的反应，这样会无意中让孩子觉得类似的表达可以得到父母的关注，孩子就有可能将这种坏习惯延续下去。父母可以采取冷处理的方式，让孩子明白自己是在无理取闹。实际上，孩子也对自己的行为有一定认识，等过了4岁之后，就很少会再这样说话了。

孩子说一些诅咒性的话，一般有三种原因：一是和小朋友或成人发生了矛盾，借骂人发泄心中不满；二是听到类似不文明的语言而简单模仿；三是因为觉得好玩而说。由此可见，孩子说这些话并没有恶意，父母只需适当引导，让孩子学会懂礼貌就好。

在新语言敏感期，孩子的语言学习能力更加深入。此时孩子学习到的语言已经深深影响着他们的思想和行为，所以，为孩子构建良好的语言环境就显得非常重要。在家里孩子会模仿父母，在幼儿园孩子会模仿老师和小伙伴。生活在谦和文明的家庭中的孩子更容易说话文明礼貌；在高水平的幼儿园里，孩子也更容易养成好的语言习惯。

实际上，整个0-6岁都是孩子语言发展的关键时期。这一时期孩子语言能力是否能得到顺利发展，直接决定孩子此后语言文字的学习能力，更会影响孩子的智力发育。在这个时期，模仿一直是孩子学习语言最主要的方式，所以，父母应该竭尽所能为孩子提供良好的语言环境。

执拗敏感期——爱执拗的孩子

孩子一生中有两个非常明显的叛逆期：一个是青春期，另一个则是在3-4岁的幼儿期。相比青春期，“叛逆”的幼儿期很少受到关注，父母往往将孩子的执拗当成淘气而忽视，这样很不利于孩子的成长。

孩子的执拗敏感期紧承秩序敏感期，两者密不可分。3岁左右的孩子，内心形成了自我和对外在世界的“秩序感”，并认为世界应该按照自己的秩序认识来运行。如果有人打破他们的秩序，孩子就会感到无所适从，或者感到自己的需求得不到满足，因此，孩子会采用发火、不合作、哭闹等方式来表达自己的不满。

执拗敏感期的孩子显得特别任性，经常大发脾气，甚至故意和父母对抗，让父母头疼不已。其实，这一时期的孩子并不是我们想象中的“捣蛋鬼”或“坏孩子”，而是发现自我的好孩子。孩子的独立意识和自我意识在“执拗”中不断发展，是孩子心理发展和成熟的必经阶段。

喜欢胡闹甚至任性行为是执拗敏感期孩子最明显的表现。这一时期的孩子喜欢按照自己的喜好做事，排斥父母的安排。和父母唇枪舌战，也是这个时期孩子乐此不疲的事情。当孩子表现出“我说了算、我就要、我不”之类的做法时，作为父母要端正态度，不要动辄就斥责、打骂，这样很容易对孩子的心理发育造成伤害。

和孩子进行足够的交流

当孩子由乖巧变得淘气的时候，父母第一反应往往是急躁生气，同时还有担忧和烦恼。实际上，父母大可以坦然面对，一方面父母不可以因为怕麻烦而不管不问，否则，孩子就真的会养成一些不好的习惯；另一方面父母更多地用宽容、关爱来对待孩子，有足够的耐心去了解孩子的需要。

多问问孩子是怎么想的，能够更好地降低孩子对父母的排斥心理，才能更有针对性地对孩子加以指导。孩子的执拗更多的是为了满足自己的愿望和内在需要，要求可以和成人平等对话。所以，父母不应该一味地用自己的身份去压制孩子的行为，而是多聆听孩子的想法。

当然，和孩子多交流不是说一味地顺从孩子，无原则地顺从，只会助长孩子不良的执拗情绪。娇生惯养的孩子往往会留下很多成长隐患，多交流也是让孩子更好明白事理的途径。

这个时期的孩子有了一定的记忆力，但经常会发生记忆错位，说一些与事实不相符的话，父母这时多和孩子交流，就显得尤为重要。很多时候，父母不要立即根据孩子的话语来采取行动，而是多引导和帮助孩子回忆，辨明真相。

彬彬是一个活泼好动的孩子，平时总喜欢东奔西跑。一天傍晚，彬彬的妈妈在厨房里忙活着准备晚餐，这时，彬彬却突然吵闹着要出去玩。忙得焦头烂额的妈妈生气地说："你这孩子就知道添乱！吃完饭再去玩！"

彬彬非常委屈地走开了，吃饭的时候，他也耍着性子不肯吃。看着一脸不高兴的孩子，彬彬妈有些心软，就准备带孩子下楼去玩。但是彬彬爸却不同意，彬彬顿时大哭大闹起来。生气的爸爸还朝彬彬屁股打了一巴掌，结果，彬彬哭闹得更厉害了。看到孩子被打，彬彬妈也和彬彬爸吵了起来，弄得家里一团糟。

专家解读

面对执拗的孩子，很多家长往往缺乏耐性，有意无意采用暴力的方式来解决问题，但往往结果却事与愿违。执拗敏感期的孩子往往会做出一些让家长心烦意乱的事情，这时候父母就要注意选择正确的处理方式。

彬彬想出去玩可能有很多自己的想法，比如他不饿、想立即去找某个小朋友去玩等。父母完全可以通过简单的对话来缓解孩子这种"突发"的情绪，让孩子认识到自己的要求是不合理的。父母在教育孩子的时候也要协调一致，否则不仅会助长孩子的执拗情绪，更容易造成家庭不和谐。

孩子思考问题的方式和成人不同，无法做到足够的理性和自制，这是其线性思维的结果。孩子很多时候并不是刻意耍性子，所以，只要不涉及重要的原则性的问题，父母可以对孩子做出适当的让步，并对孩子进行指导。

如何让孩子度过执拗敏感期

在孩子执拗敏感期，父母经常为如何让孩子听话又不伤害孩子而头疼不已。如果总是满足孩子，担心孩子变得任性；如果与孩子针锋相对，小家伙会十分吵闹，而且，孩子被指责多了，可能会变得自卑。实际上，这个问题并没有想象的那么严重。对孩子多一点了解，多体察和尊重孩子的内心需要，就能够帮助孩子很好地度过执拗敏感期。

多理解孩子：一些父母不能很好地处理处于执拗敏感期孩子的关系，就是因为没有做好充分的思想准备。父母习惯用成人的思考方式去看待孩子，结果屡屡与孩子发生冲突。孩子的执拗与其心理发育特点密切相关，所以，父母要有充分的思想准备。

父母要坦然面对孩子的“执拗”，对孩子的淘气行为有充分的认识。此时，父母不要对孩子的行动轻易下结论和干涉，多以平等的姿态来与孩子交流，多了解孩子的想法。这样做会让孩子感觉自己受到了尊重，也更容易接受父母的意见。

尽量顺从孩子的合理需求：这时候孩子的自我愿望渐渐多了起来，并且喜欢和大人对抗。当孩子提出自己的要求时，父母要习惯站在他们的立场去思考问题，明白孩子的内心需要，并尽量满足孩子那些合理的需求。

这样做也有利于减少与孩子的对抗，同时还能锻炼孩子的能力。当孩子按照自己的意愿去做事的时候，就经历了一个比较完整的思考和动手过程。只要是一些非原则性的问题，父母大可以给孩子充分的自由空间。

转移冲突，远离暴力：处于执拗敏感期的孩子都有“赶着不走，打着倒退”的心理特点。所以，当父母与孩子发生冲突的时候，强硬的态度不见得是好方法，淡化处理、转移冲突最重要。父母越淡漠，孩子反而会失去对抗的兴趣。

有一些父母耐不住性子，往往采用简单粗暴的方式来对待孩子。这种极端行为不仅对孩子造成伤害，还容易激起孩子的反抗情绪。比如会故意破坏玩具、欺负更小的孩子甚至虐待小动物。一些孩子形成暴力性格，往往受父母极端行为的影响。

对孩子的要求应合理：处于执拗敏感期的孩子更喜欢自己做事，排斥父母的干预和安排。父母的命令在孩子看来是一种控制，因而很强烈地排斥。对于那些不愿意去做或不能够去做的事情，父母没有必要强行要求孩子。

父母对于孩子的能力也要有充满信心，当孩子愿意去尝试的时候，父母要尊重孩子的愿望。让孩子去做一些自己力所能及的事，既能让孩子体会成功的快乐，又能增长孩子的能力。不恰当地阻止孩子，也是对孩子不合理的要求。

面对孩子的执拗敏感期，理解孩子、为孩子创造和谐的家庭氛围最为重要。在执拗敏感期，孩子表现出“反抗性”，表面上看是与父母作对，实际上是孩子自身心理成长需要的表现。对待孩子的执拗，父母最重要的原则就是保护孩子的安全。在此基础上给予孩子充分的自由空间，这样既让孩子享受到了父母的关爱，也减少了孩子的反抗情绪。

完美敏感期——孩子变得爱挑剔

大约在孩子3岁之后，父母会发现孩子变得越来越挑剔，凡事都要求“完美”，甚至像成人一样打扮自己。父母往往会有这样的疑问，小小年纪怎么这么讲究？实际上这是孩子进入完美敏感期的表现。

完美敏感期的孩子对完美的追求越来越强烈。孩子先是对吃的、穿的东西要求完美；然后对玩具、所用东西要完美；接着对自我的形象要求完美；

最后上升到对艺术、环境的完美追求。这一时期的孩子往往不能忍受一点点瑕疵，遇到一点破坏就反应剧烈，显得非常执拗。实际上，孩子的完美敏感期往往出现在执拗敏感期之后。

奉行完美主义的孩子

当孩子进入 3 岁之后，随着自我意识的萌发和认知能力的提升，孩子对自身及周围事物产生了一定的审美观。正是在这种观念的指引下，孩子展开了自己的“完美主义”追求——饼干不能缺一角、玩具不能缺零件、裤子不能有褶皱……

处于完美敏感期的孩子会变得非常挑剔，对事物有自己的要求，一旦自己的要求没能得到满足，就会发脾气、哭闹，直到自己的愿望得到满足才肯罢休。随着年龄增长和对自身关注的增多，孩子对自身形象也越来越重视，尤其是女孩子，她们可能会表现出各种“臭美”的行为，还有一些孩子甚至会变得“爱慕虚荣”。对此，父母不必过于担心，这是孩子身心发育的正常表现。

在完美敏感期孩子的眼中，所有事物都必须是完美无缺的，正是审美需求让孩子追求完美。父母应该尊重孩子的审美需求，尊重他们按照自己的想法去选择。这一时期的孩子可能会有许多浪费行为，如蛋糕吃一口就扔、衣服旧一点就不想穿、画笔用了几次就要扔了买新的……尽管如此，父母也不应该对孩子过分指责，这都是孩子追求完美的结果。

彤彤是一个非常可爱的小姑娘，近来却总是浪费，让妈妈非常头疼。如果彤彤自己很喜欢的东西不小心弄坏了，她总是很生气，接着破坏然后扔掉！有一次，彤彤妈给她买了一顶非常漂亮的公主帽子，彤彤非常喜欢，总是帽不离手，就连吃饭的时候也拿着。有一次吃晚饭的时候一不小心打翻了饭碗，粥洒了一帽子。彤彤很生气，直接将帽子揉成一团，扔到垃圾筒去了。

彤彤非常喜欢吃蛋糕，但是，她每次又吃不多。所以，每次买的蛋糕都会剩很多。一天早晨，彤彤又吵着吃蛋糕，她妈妈就从冰箱里拿出了昨天吃剩下的蛋糕。当妈妈把蛋糕给她时，彤彤却怎么也不肯吃。来不及去买新蛋糕的彤彤妈也有些生气，就说了彤彤几句，结果，彤彤坐在沙发上大哭了起来。

专家解读

很多父母都会遇到像彤彤妈这种情况，这是孩子进入完美敏感期的正常表现。实际上，孩子并不是对东西本身多么在意，而是完美的东西能让他们产生一种安全感。在孩子看来，完整的没有遭受损害的东西意味着自己可以放心地处理，所以，孩子才会刻意地追求完美。

就像很多成人也不喜欢残缺不全的东西一样，孩子有追求完美的心理也十分正常。成人的思维已经成熟，知道哪些破坏是无害的，比如蛋糕缺一块还可以吃，衣服脏了洗洗就和新的一样；但是，孩子在这方面的认识还有待发展，所以，孩子会表现出很强烈的反应。父母要多理解孩子的一些任性行为，完美敏感期的种种行为也是孩子未来形成审美观的基础。

奉行完美主义的孩子往往会比较任性，实际上，随着孩子审美感觉提升，他们对完美的任性就转化成了对生活的正常追求。父母不要随意批评孩子，而是多给孩子讲道理，尽量不要破坏孩子的完美需求。

爱打扮的孩子

进入完美敏感期的孩子会爱上打扮，尤其是女孩子。当女孩子穿上一件漂亮的新衣服，就会满世界地“炫耀”，甚至不让父母脱下来。孩子爱打扮还带有某种执拗情绪，自己喜欢的衣服就经常穿，不喜欢的衣服就拒绝穿。如果女孩子喜欢上了某条漂亮的裙子，即使外面天气比较冷，她也会吵闹着要穿。

这时期的女孩子还爱上了“化妆”，拿着妈妈的化妆品乱抹一气。当然，在成人看来，小女孩的“妆”化得很离谱，甚至抹成了大花脸。但是孩子的热情还是不减，并在所有人面前“臭美”炫耀。

父母不必过于担心孩子会因为爱打扮而变得爱慕虚荣。爱打扮是孩子正常发育的一个阶段，是孩子审美能力发展的表现。父母还要明白，孩子的自我形象关注是孩子自我意识觉醒的表现。整洁的着装和打扮也是孩子树立自我形象的开始，父母要多给孩子指导，帮助孩子学会生活。当然，孩子对着装有自己的看法，父母也要尊重孩子的选择，父母不要用自己的想法去强迫孩子做一些不愿意做的事，那样只会打击孩子的自信心。

当孩子进入完美敏感期的时候，面对挑剔的孩子，很多父母不知道该如何做才好，结果导致错过了培养孩子审美观的最佳时期。父母往往认为追求完美是淘气的表现，不耐烦地对孩子加以批评和斥责，只会对孩子弱小的心灵造成伤害。

在这个时候，父母就要有正确的态度来引导孩子。当孩子表现出对完美的追求，说明了他们的思维能力和精神能力都在深入，将直接影响着他们将来的生活和审美观的形成。在完美敏感期，由于每个孩子的成长环境、身心特点不同，表现也会有很明显的差异。父母应该保持客观冷静的态度，不要过分地要求孩子向别的孩子看齐。父母要在日常的生活中多观察孩子，为孩子提供良好的环境。

色彩敏感期——我喜欢五颜六色

孩子对色彩的认识很早，在3、4个月的时候就会表现出对色彩的认知。6个月大孩子就已经开始进入彩色视觉期，对五颜六色的气球充满热爱。孩子身边色彩鲜艳的小玩具、洋娃娃等都会给他们带来丰富的感官刺激。

但是，在3岁之前，孩子还没有对色彩形成真正的认识，也就是说，孩子还不能明白每种色彩真正所对应的含义。进入3岁之后，孩子对于色彩的敏感彻底被唤醒，甚至变成了让成人都惊叹的“色彩达人”。

一般而言，3－4岁是孩子的色彩敏感期。这时的孩子喜欢认识颜色，并将对颜色的认识应用到生活中去。孩子通过反复提问，来确认并强化对色彩的认识，并对色彩形成自己的喜好。比如，孩子很可能会钟情于“紫色”的葡萄、“蓝色”的帽子、“绿色”的外套……当孩子将色彩真正融入自己的意识中，也为其进入绘画敏感期打下了基础。实际上，3－4岁的孩子非常喜欢涂色，这也是孩子对色彩敏感的表现，正是在胡乱涂鸦中，孩子慢慢进入了绘画敏感期。

孩子的色彩认知历程

孩子对色彩的认识实际上是思维发展的过程之一，经过不断强化才能变得成熟。随着时间推移，孩子对色彩的理解和运用也在不断加强。

单纯的色彩感受：孩子最初接触色彩的时候，辨别力十分有限，需要不断强化才能形成正确的认识。这时候的孩子往往会发生“张冠李戴”的现象，把各种颜色混淆在一起。这也是孩子经常问大人“这是什么颜色”的原因。

在这个时候，父母不要把所有的颜色一下子都推给孩子，这样只会让孩子眼花缭乱。当给孩子彩笔让他去乱涂抹的时候，父母最好一种一种给，等孩子把每种颜色都试涂一遍后，再教他简单的色彩搭配原理。让孩子感受单纯的色彩，能够加深他的印象。父母可以教孩子认识同一种颜色的变化，比如告诉孩子不同深浅的同色衣服或用水稀释墨水，使其呈现出深浅不同的颜色。这样对宝宝来说很有趣，也容易培养孩子的色彩层次感。

单纯的色彩混合：当孩子对单色形成比较完整的认识后，他们就逐渐学会了色彩对比。这时的孩子还对色彩表现出比较鲜亮的倾向性，大部分孩子都喜欢红、黄、绿等暖色。孩子还对某种事物有固定颜色形成比较系统的认识，一旦色彩发生了改变，孩子就会很敏锐地发现。比如，孩子会简单地认为墙是白的，如果碰到绿漆墙，就会表现得非常兴奋。

这时候父母可以和孩子玩色彩混合游戏。通过简单的色彩混合，让孩子明白色彩之间的神奇变化。三原色之间的混合变化最为明显，这种变化对孩子来说非常神奇，比如黄、蓝两色混合调配出绿色。父母可以为孩子多准备些白塑料盒子，这样，孩子就可以反复探索了。

色彩感知成熟：随着孩子对色彩认知逐步深入，孩子已经能够很轻易地辨认出主要颜色，对色彩的感觉也更加敏锐。4 岁左右的孩子已经很少再问家长“这是什么颜色”了，他们对颜色的认知已经相当熟练。

孩子还能将颜色与具体的社会功用联系在一起。当孩子走在马路上，“红灯停、绿灯行”已经能够做得很好，甚至还经常监督成人。

据科学研究，颜色对人的情绪有很深的影响，这一点在色彩成熟期的孩子身上也表现得非常明显。这一切都说明了孩子正在将色彩和生活联系在一起。

色彩影响孩子的情感和想象力

人类文明一开始就是和色彩联系在一起的，可以说对色彩的感知已经内化成人类最基本的“遗传能力”。心理学也进一步证明，色彩深刻影响着人们的心理和行为，这一点在孩子身上也同样适用。

孩子一般比较喜欢黄色、橙色、蓝色等明快亮丽的色彩，就是因为这些色彩能带给他们愉悦的感受。美国著名儿童心理学家阿尔修勒曾做过相关的研究，结果，他发现色彩对孩子的情感和性格有很深的关系。喜欢黄色的孩子有较强的依赖心理，喜欢听从指挥；酷爱蓝色的孩子则有很强的支配欲；喜欢粉色的孩子往往比较活泼可爱，愿意与人分享；喜欢红色的孩子意味着性格较为刚烈，调皮而感情丰富；喜欢紫色的孩子则性格爽朗，有很强的好奇心和上进心……

同时，心理专家还发现，鲜亮活泼的色彩有助于激发孩子的想象力，促进孩子的情商发展。五彩斑斓的世界为孩子提供了丰富的想象空间，也让孩子感受到温馨和快乐。当孩子试图按照自己的想法去“描绘”世界的时候，他们的想象之门就被打开了。

慧慧3岁半了，是一个非常可爱的小女孩。近来她总是喜欢对着周围的东西骄傲地说出它们的颜色。她总是不停地嚷着“妈妈的红裙子不好看”“爸爸的白衬衣好丑”。有一次，家里有客人来访，她还指责客人的“黄外套真难看”，弄得客人十分尴尬。

看着别的妈妈都给孩子买了彩笔，慧慧妈也忍不住买了一套彩笔给孩子，并想教会孩子各种颜色和简单的绘画。然而，慧慧根本不想和妈妈一起玩，只喜欢用绿色和粉色的笔胡乱地划来划去，其他颜色的笔都浪费了。慧慧妈忍不住批评了她几句，结果慧慧很不高兴，她再也不拿彩笔了。

专家解读

慧慧的这些行为都是她进入色彩敏感期的表现，因而对色彩表现出极强的好恶判断。孩子对颜色的喜好是非常直接的，往往与其情绪联系在一起，让孩子感觉舒服和高兴的颜色就非常喜欢，否则就很厌恶。

实际上，慧慧妈没有及时觉察到孩子进入色彩敏感期，因而错过了对孩子的色彩训练。在孩子刚刚对色彩表现出兴趣的时候，如果就给孩子准备好彩笔并加以引导，孩子会对更多的颜色表现出喜好，运用色彩的能力也会得到提高。孩子的想象力很大程度受其所观察的世界影响，一旦孩子没有对足够多的色彩产生兴趣，其想象力也会受阻。

孩子对颜色的认识和喜好并不是与生俱来的，而是在成长过程中逐步积累和认知发展的结果。父母在这个时候有必要为孩子提供丰富的色彩刺激。套色版、各种颜色的积木、大自然的花花草草甚至漂亮的衣服都是重要的“教具”。

为孩子布置好小房间

孩子对色彩的认知受到家庭、环境、教育等方面的影响。因此为孩子提供一个五彩缤纷的健康色彩环境至关重要。现代父母一般都比较忙，难以有充足的时间对孩子进行色彩辨别和记忆训练。那么，父母完全可以给孩子布置一个能够让他自主去辨认的多彩房间。

在布置孩子房间的时候，体积较大的家具（小书桌、小柜子）不宜用太鲜艳的色彩，像粉色和浅绿等柔和一些的颜色则比较适合，可以避免孩子产生色彩疲劳。小物品则可以选择大红、紫色等鲜艳的颜色，这些经常被孩子拿动又多变的东西能够刺激孩子的视觉敏感和思维活跃度。孩子的玩具、图书和衣服，都应考虑色彩因素，父母可以尽量选择那些孩子容易接受的淡暖色，如淡蓝、浅绿、橙色等。

在布置孩子的小房间时，父母要把安全和色彩放在一起考虑。孩子的身体比较脆弱，尤其对化学制品的反应强烈。所以，在选择孩子房间的家具以及进行装修时，最好选用环保产品。空气中散发的甲醛等气体特别容易致病，装修孩子的小房间时要格外注意。父母在给孩子选择家具时，要保证家具边缘无锐利的棱角，以免对孩子造成伤害。尽量多准备塑料材质的家具，这样也能提高安全性。

孩子对色彩的敏感，是其视觉和思维认知能力发展的共同结果。在色彩敏感期，父母要注重对孩子色彩培养，利用其对色彩的好奇，积极培养孩子的感知力和想象力。当孩子形成完整的色彩记忆后，就会将对色彩的认知应用到生活中去。同时，孩子对色彩搭配的创造也为孩子进入绘画敏感期打下了基础。

人际交往敏感期——找到一个好朋友

从3岁起，绝大多数孩子就开始进入了幼儿园。正是在幼儿园这个新环境中，孩子的交往范围逐渐扩张，孩子的人际交往能力也得到了快速提升。当孩子进入幼儿园之后，孩子仿佛比一个人在家时快乐许多，和小伙伴交换东西成了乐此不疲的事情。

当孩子用新的变形金刚换回一本破旧的图画书时，父母不要过于“伤心”。孩子看待东西的价值观念与成人不同，在他们眼里，快乐是最重要的。相反，当孩子乐于交换的时候，父母应该感到高兴，这标志着孩子进入了人际交往的敏感期。

当孩子进入幼儿园后，生活环境有了很大变化，所交往的人也大为增加。正是在与老师和其他小朋友共处的过程中，孩子逐渐有了交往需求。虽然刚开始的时候，在陌生环境中孩子难免有些不适应，但当孩子逐渐适应后，就能够很好地和小伙伴们相处，毕竟，同龄孩子还是最好的玩伴。当孩子发现小伙伴的重要性后，交朋友就成为了孩子最基本的心理需要。

不同阶段的孩子交往的行为

孩子的交往行为和其思维发展是一致的，随着孩子思维能力提升，其交往层次也不断发展。

交换性人际交往：年纪较小的孩子对物的兴趣要远远大于人，尤其对食物和玩具更是情有独钟。孩子寻找朋友最初都是通过食物开始的，在孩子的思维中会认为“你给我好吃的，我就是你的好朋友”。很多家长发现，一旦没有了好吃的东西，这个阶段孩子之间的交往也就结束了。

伴随着交换食物，孩子也开始通过交换玩具来寻找朋友。相比食物而言，玩具比食物更不容易消失，在此基础上建立起来的关系也更加稳固些。但是，通过玩具交换获得的关系还是不够成熟，一旦玩具消失，孩子之间的关系也会遭到破坏。总之，这时的孩子对人还没有产生一种真正的交往关系。

基于爱好和兴趣的人际交往：一些父母简单地认为，当孩子生活在幼儿园这样的集体环境中，就一定会进行人际交往。事实上，并非如此。只有在跟某个人产生连接的过程中，孩子的交往能力才开始建立。

当孩子4岁左右的时候，会逐渐发现共同的爱好和兴趣更能形成友谊。可以说，这个时候孩子之间的交往才真正产生了连接关系。正是基于共同的爱好和兴趣，孩子会经常聚在一起玩耍，这样就产生了合作意识。由于这种合作的基础比较稳固，孩子逐渐在彼此关爱和相互理解的基础上建立起了纯洁的友谊。这时孩子之间的交往达到了一种和谐状态，也就进入了真正的人际关系阶段。

这样的发展过程符合孩子的心理成长规律，在这个过程中，孩子学会了承受、判断、表达，以及理解他人，奠定了他们人际交往的基础。

让孩子自由发展

在人际关系敏感期，每一个孩子都渴望被其他人接纳，都希望自己能够成为大群体里的一分子。无论是孩子出于对物感兴趣，还是对人感兴趣，而与他人交往，都需要让孩子自己去体会和感知。人际交往需要不断地培养和锻炼，只有给孩子足够的自由空间，他们才能在不断的实践中培养交往能力。

要想让孩子平稳度过人际关系敏感期，就要给孩子自由的空间，让孩子学会去判断人际关系，去处理问题。让孩子在爱和自由的环境中成长，会更有利于提升孩子与人的交往能力。当孩子遇到不能解决的问题时，才需要成人介入。即使在这种情况下，父母要做的也是努力去倾听孩子，帮助孩子找到解决问题的办法，而不是告诉孩子怎么做。

芳芳和壮壮是一对很要好的朋友。有一天，芳芳回到家对妈妈说："我再也不和壮壮做朋友了，他带了一把香蕉没有分给我吃。"过了几天，壮壮回到家也对他妈妈说："我再也不想和芳芳说话了，她不让我玩她的电动小汽车。"当然，他们只是说说而已，不久，他们又愉快地在一起玩耍了。

还有一次，芳芳和妈妈到壮壮家里去玩。结果，他俩玩着玩着却吵了起来。原来他们在玩"狮子和绵羊"的游戏时，俩人都争着想当威武的狮子。大人就帮助协调说："男孩当狮子王，女孩当绵羊，这样很合适。"结果芳芳并不买账，她气鼓鼓地说："因为我是女孩，就让我当绵羊吗？"后来，大人也不再管了，结果他俩却又愉快地玩了起来。原来，他们达成了"协议"：在谁家谁就是狮子王。

专家解读

芳芳和壮壮的行为是他们进入人际交往敏感期的正常表现。在这个时期，孩子之间的关系还不够成熟（早期更是依附于物的基础上），所以会经常出现孩子嘴里言不符实的“绝交”。随着孩子自我意识加强，孩子在人际交往中，会表现出一定的控制欲，这就需要孩子学会处理彼此间的小矛盾。

在人际交往敏感期，孩子之间会出现各种各样的问题和矛盾。它们一般都是很小的，孩子很快就能学会调整，成人没有必要过多干预。让孩子学会自己去处理问题，也是提高他们交往能力的必要途径。

人际交往是孩子成长过程中必然要学会的技能。因为对成人来说，我们遇到的各种问题也多是发生在生活中或与他人的关系中。让孩子学会人际交往就能为孩子以后的生活打下良好的基础。

孩子有发现问题和解决问题的能力，也有选择解决问题方案的自由。只有给予孩子这种自由，孩子才能在反复探索中逐步完善自己的能力。

如何培养孩子的交往能力

从3岁开始，孩子会非常执迷于与同龄孩子的玩耍、交往等社交活动，并且会逐步找到一两个比较亲密的好伙伴。很多父母会发现，孩子非常喜欢和要好的伙伴一起玩耍，即使到了吃饭时间也不愿意分开，这也是孩子在家庭以外获得的最亲密交往。正是从3岁起，孩子进入了人际交往能力学习的关键期，父母要尽力培养孩子的交往能力。

让孩子多接触伙伴：孩子的交往能力需要在与其他伙伴相处中获得。接触的伙伴越多，收获就越大。接触不同性格的伙伴，能让孩子学会更好地去处理和他人的关系。所以，在日常生活中，父母要让孩子多和小伙伴一起玩耍，父母也可以多邀请邻居、朋友、亲友等带着他们的孩子来做客。

尊重孩子的交换行为：以物换物是人际交往敏感期孩子经常采用的行为，也是孩子交往行为的开始。对待孩子以物换物的行为，成人不要以自己的眼光去判断“值不值”。更不要指责孩子“换得不值”是“傻孩子”。如果孩子凡事都斤斤计较，又怎么能体会到和小伙伴交往的快乐呢？父母在这方面经常指责孩子，会让孩子养成自私的心理，这样孩子又怎么会敞开心扉去和别人交往呢？

教给孩子信守承诺、尊重伙伴：尽管孩子不像成人那样会长时间“记仇”。但是孩子比较敏感，容易情绪化，所以，教给孩子信守承诺、尊重伙伴的道理就非常重要。有时候孩子在和伙伴交换完东西之后会后悔，想把自己的东西再要回来。这个时候，父母就要让孩子明白朋友比东西更重要的道理。

不要过多介入孩子的交往：孩子有自己选择伙伴的权利，况且真正的坏孩子很少，父母没有必要按照自己的想法去干预孩子交朋友。孩子之间难免会发生一些小争执，但一般孩子都能自我消化，家长不必大张旗鼓地去干预。否则不仅会激化问题，还会造成家长之间的不愉快。

孩子会频繁出现今天和这个伙伴交朋友，明天又和那个伙伴成为好朋友的现象，这是非常正常的，父母没必要过度干预。

3－4岁是孩子人际交往能力发展的敏感期，父母一定要重视对孩子社交能力的教育。孩子出于模仿的本能，会将父母待人接物的方式内化成自己的行为，所以父母也要注意自己的言行，为孩子做好表率。孩子的交往世界和成人截然不同，父母也要多顺应和理解孩子的交往状态，并耐心地给予指导。

第7章

主动寻探索：向大人看齐

孩子的特点

4－5岁的孩子大都在幼儿园中度过了一段集体生活，无论是身体发育还是心理成长都日趋成熟。在长期积累的基础上，4－5岁孩子的意识进入了爆发期，有意识的主动性行为开始增加，表现出了很好的学习能力。

4－5岁孩子在身体上已经基本没有了婴儿期的特点，各项身体能力都比较成熟。正是在良好的身心基础上，孩子对世界和自我的探索行为也更加积极主动起来。在这个年龄段，孩子的敏感期行为也更多显现出认知的特点。那么，这一时期孩子的身心发育又有什么特点呢？

身体发育特点

4－5岁孩子身体的各个器官仍然在不断发育之中，但孩子的内器官功能和成人差别已经不大，尤其大脑的物理发育也基本完成。这为孩子的学习打下了良好基础。

在这一时期，随着颅骨长度增加和下巴突出，孩子的面部变得更加成人化。孩子的身高和体重也在稳步增长中，孩子的身高增长速度要快于体重的增加速度，所以，孩子看起来总是“光长个不长肉”。这一时期孩子的身体差异非常明显，尤其是身高，不同的孩子之间甚至会出现高达20厘米的差距。这让那些个子矮的孩子的父母非常着急。有些父母甚至会选择给孩子打生长激素，以促进孩子的身高发育。使用生长激素时一定要非常谨慎，因为绝大多数情况下，孩子身体发育快慢都是正常的，盲目地打激素，反而会给孩子造成伤害。在这个时期，孩子牙齿上颌会逐渐变宽，为以后长出恒齿奠定基础。

孩子的个体差异还是很明显的。4 岁男孩子的体重为 12 ~ 24 千克，身高为 92 ~ 116 厘米；女孩子的体重为 11 ~ 23 千克，身高为 91 ~ 115 厘米。5 岁时候男孩子体重 13 ~ 28 千克，身高 99 ~ 125 厘米；女孩子体重 13 ~ 27 千克，身高为 97 ~ 123 厘米。

身体运动特点

4 – 5 岁孩子的运动能力有了很大发展，具有和成人差不多的协调和平衡感。这一时期孩子无论是走和跑都非常自如，能够不扶扶手而上下楼梯，甚至能够较长时间单脚站立。很多孩子都学会了跳绳，能够比较熟练地蹦来蹦去。肌肉发育也在加速，肌肉力量能够支撑孩子完成一些稍具挑战性的动作，比如立定跳远和翻跟头。

孩子的手指精细动作有了进一步发展，手指运动变得十分灵活，拿、捏、掏、握、提等各种动作技能孩子都能很好地完成。这一时期的孩子可以熟练地穿衣服、系鞋带，还能折纸、搭很高很漂亮的积木。总之，孩子的精细动作已经发展得非常熟练。

语言特点

4 – 5 岁孩子的语言表达能力有了很大提升，已经能够很自如的和成人交流。对于别人的提问和讲话，孩子能够做出积极的回应，回答也比较流畅。由于孩子的记忆力有了很大提升，孩子能够讲一些比较长的故事。由于孩子对事物的理解加深，孩子还能说一些长句来表达自己的想法。孩子说话时已经能够分辨不同的场合，会根据不同的环境来调节自己说话声音的大小，还能够使用很多礼貌用语。

由于受新语言敏感期的影响，孩子在情绪激动的时候，可能还会说很多粗暴的骂人词汇。由于孩子已经长大，使用这些粗暴的词汇时往往会受到大人严厉的训斥，这样就形成了一种恶性循环。因此，在孩子因为情绪激动而说脏话时，父母不要针锋相对，等过后再采用温和的教育方式让其意识到这是不对的。

在这一时期，对孩子的语言教育有几个重点。语音教育上：父母在和孩子说话时，尽量采用正确的发音，当孩子学一些不标准的方言时，要及时纠正。词汇教育上：父母在和孩子说话时，要有意识地加入一些能够丰富表达的词汇，让孩子感受到语言词汇的魅力。同时，指导孩子正确理解词汇的意思。语法教育上：父母在日常生活中和孩子说话时，尽量使用完整的句子，积极引导学前儿童说完整句。同时，在孩子语言表达遇到困难时，父母要积极给予示范和引导。

认知特点

4－5岁的孩子在幼儿园学到了许多基本的概念，这为孩子的认知开启了广阔的道路。孩子对时间、空间、形状等概念的理解都已经基本成熟，这也标志着孩子的认知能力上了一大台阶。孩子不仅能够对实用的概念有很好地理解，对于抽象的概念也会有很强的理解力。

在集体生活中，孩子的认知行为有意识地增加了，尤其喜欢和小朋友一起去探索。孩子也能够接受成人尤其是幼儿园老师的指令，完成很多学习、游戏和简单的劳动。在这个过程中，孩子的认知能力也有了很快发展。

孩子在认知上最鲜明的特点就是注意力更加集中了，大多此年龄段的孩子都能够专心做某件事达30分钟。同时，孩子的动手和生活能力也有了很大提升，会给花浇水，能帮助小朋友搬凳子等。这时，父母应该鼓励孩子去做一些力所能及的事。经过长时间的积累，孩子的带动能力也会有很大的提升。

情感和交往特点

4 – 5 岁孩子的情绪有了一定稳定性，他们开始学着控制自己的情绪。当孩子遇到不满时，也有了更多的表达方式，不再是简单的哭闹。例如在幼儿园与同伴发生争执时，有的孩子会控制住自己的情绪和行为，做出简单的沟通或寻求老师的帮助。对于大人正确的指令，即使有时候孩子不太情愿，他们还是会听从，甚至会自我安慰。比如当没有给自己买新玩具时，有的孩子就会自己对自己说："我已经有很多玩具了，不买就算了。"

当然，孩子有时候还是会出现情绪失控的情况，尤其是与人发生激烈争执时，仍会大发脾气。父母和幼儿园老师要及时化解孩子的烦躁情绪，如果是孩子之间发生了矛盾，还要引导孩子积极去解决。

在交往中，孩子有了一定的规则意识，懂得要排队洗手、上课不能吵闹等。孩子会主动说"谢谢""对不起"之类的礼貌用语，显得懂事多了。但是，此时孩子的是非判断还是很不准确，会认为"受表扬就去做，受指责的就是坏事"。此时，成人不要故意挑拨孩子去做一些"坏事"，否则，就会干扰孩子是非观念的形成。

4 – 5 岁孩子在和小朋友的交往中还学会了交流和分享，并在游戏中学会了领导同伴和服从同伴，这都是非常重要的交往经验。他们在交往中还慢慢有了嫉妒心理，有时喜欢争夺玩具或玩伴，这也是孩子交往中更为敏感的表现。

出生和性别敏感期——探索自己的身体

孩子对自己身体的探索从刚出生时就有。在孩子口的敏感期，孩子就经常把手指和脚趾放到嘴里，其实，这就是对身体的一种探索。孩子对身体每一个部位的认识都出于本能，随着孩子认知能力的提升，对身体的认识也就更加深入。

当孩子4岁左右的时候，思维也有了一定发展，思考能力也有了提升，对问题的疑问也就更加执着。同时，孩子对自我的关注也会增多。4岁左右的孩子会对性别产生浓厚的兴趣，一方面这是孩子观察到男女在生理上不同的结果；另一方面也是孩子看到了男女在日常行为上的不同。父母在这个时候会发现孩子不仅关注生理上的差异，还深入到日常生活中。比如妈妈为什么穿裙子而爸爸不穿？男孩子为什么不扎辫子？父母此时经常会遇到孩子提出的一些令人尴尬又难以启齿的问题，让父母很难回答。

我从哪里来

法国著名后印象派画家高更有一幅世界名画《我们从哪里来？我们是谁？我们到哪里去？》，这幅画提出了一个千古未解的哲学难题。而在孩子3－5岁的时候，也会有“我从哪里来”的疑问，当然孩子的疑问是生理上而非心理上的。

当孩子问“我从哪里来”的问题时，很多父母都会出于尴尬，而避而不答。实在被孩子烦得受不了了，就编一些谎话来骗孩子。“从垃圾堆里捡的”“从土里刨的”等是父母经常采用的托词，这些显而易见的谎言往往会让孩子更加疑惑，孩子反而会接着刨根问底问下去。

其实，孩子对出生的好奇远不是像成人想象的那样“猥琐”。只是出于孩子平常的好奇罢了，和孩子提出其他的疑问没有本质的区别。孩子对这个问题的探究欲望并不是那么强烈，父母完全可以避免那些尴尬的回答。只要给孩子一个表面化的简单解释就足够，如果父母一直回避，反而会勾起孩子更加强烈的好奇心。

关注身体的不同

在生活中，孩子会惊奇地发现男女之间存在着显著差异。尤其孩子之间那些明显的差异，更会让孩子感到迷惑不已。这驱使孩子去探索人体的奥妙之处，比如有时候孩子会玩弄自己的生殖器，或者偷看其他孩子；当爸妈在洗澡的时候，孩子甚至也会偷看。

同样的，孩子对身体的关注也是自身好奇心作祟的结果，并不是真正对人生理不同有所关心。孩子对性别特征的关注也是孩子性别心理认同的表现，这种心理从孩子具有意识时就开始了。性别意识也是孩子自我意识的重要方面，需要父母给予正确的引导。其实，孩子对性别的关注也不单单停留在生理不同上，比如很多男孩子会问“我为什么不能穿裙子”“爸爸的衣服为什么没有妈妈的漂亮”之类的问题，这也是孩子性别认同的表现。

夏天到了，天气比较热，强强一家在家里休息，就穿得比较随意。强强一会儿看看妈妈的胸部，一会儿看看爸爸的胸部，突然很好奇地问：“妈妈，你那里为什么比爸爸的大呢?”过了一会儿，见妈妈没有回应，强强还跑过去摸一摸，这让强强妈很不好意思，挥手就把孩子赶跑了。

又过了几天，强强“闯大祸了”——妈妈去幼儿园接强强的时候，同班的巧巧妈过来告状说："你家的孩子可得好好管管了，偷看我女儿上厕所，把她都惹哭了。"羞愧难当的强强妈一听，挥手就给了孩子一巴掌……

专家解读

从3岁起，孩子的性别意识就逐渐被唤醒。4－5岁时，孩子对性别的关注更是达到了顶点。这个阶段的孩子会对身体的不同产生疑问，并竭尽所能去观察探索，因此，往往会导致非常尴尬的场面。

当孩子进入性别敏感期，对人体进行探索的时候，父母首先要对此保持平常的心态，刻意回避反而会更加刺激孩子。父母用很自然，但是模糊回答的方式一般就能应对孩子的疑问。实际上，当孩子了解到"真相"后，就不会再采用"偷窥"这种比较极端的方式来满足自己的好奇心。

在孩子的性别敏感期，父母往往只关注到孩子对生理上的好奇，却忽略了孩子心理上理解性别差异的重要性。性别意识不仅是生理上的，更重要的是符合性别的行为。父母更要帮助孩子很好的认识不同性别所意味的生活和社会行为。这个时候的孩子也会积极模仿同性别的成年人的行为，所以，父母要做好表率。当孩子做出完全符合其性别的行为时，对其以后的生活乃至社会交往都非常重要。

如何对孩子进行性别教育

受传统观念的影响，中国人对"性"难以启齿。虽然性教育的观念已经被人们广泛地接受，但是实施起来，还是非常困难。比如，当男孩子问妈妈"妹妹怎么没有小鸡鸡"之类的问题时，很多父母都会"头大如斗"，常用"羞不羞"来回答他。父母经常指责孩子"羞不羞"，会让孩子对性逐渐产生羞耻感，不利于孩子形成正确的性别观念。

实际上在大部分中国家庭中，直到孩子进入青春期，还是对自身身体缺乏必要的了解。那么，父母应该如何对孩子进行性别教育呢？

满足孩子的探索需要：小孩子都有“牵着不走，推着倒退”的性格特点，父母越是回避和掩饰，孩子就越是感到好奇。所以，父母如实地回答关于出生、性别等疑问就很重要。当然，这不意味着就对孩子讲解多么详细和专业，一方面是没有必要，孩子很难理解；另一方面讲解得越多越容易导致“局面失控”。很多孩子在断奶后对父母尤其是母亲的身体特别感兴趣，要看一看、摸一摸，这是孩子在敏感期的正常表现，可以适当的满足孩子，并趁此机会和孩子讲解性别知识。

同性别家庭成员多交流：同性别的家庭成员和孩子交流起来会更加方便和亲近，而且交流时成人的心理压力也会小一些。在和孩子进行交流的时候，父母态度要自然，自我紧张反而会造成孩子的疑惑。父母和孩子交流不仅要关注生理上的性别差异，更关注社会行为上的不同，可以借用玩具、服饰、用品等的不同给予孩子正确的引导，帮助孩子形成正确的性别观念。

父母做好性别表率：父母是孩子最重要的模仿对象，在性别敏感期，父母要重视自身的榜样作用。比如当爸爸工作劳累的时候，妈妈可以带着孩子（女儿）一起去安慰爸爸，为爸爸端饭、捶背等，表现出女性的温柔；当爸爸做一些简单但又比较耗时的劳动的时候，可以带上儿子，让孩子体会到男性的力量。

生命本就是大自然最为神奇的创造。当孩子有了初步的思考和认知能力之后，对出生和性别差异产生极大的兴趣也就不足为奇。当孩子对身体产生兴趣的时候，父母不必感到手足无措，对孩子坦然进行教育即可。要知道生理探索和性别敏感期是孩子形成正确性别意识的关键期，父母的正确引导非常重要。

婚姻敏感期——童年的“爱情”

在正式的爱情和婚姻之前，人会有两个特殊的“爱情”阶段。第一个是“童年的爱情”期，也就是孩子的婚姻敏感期；第二个是“青春期的爱情”，也就是我们通常所说的“早恋”。伴随着孩子对出生和性别问题的认识加深，孩子在渴望关爱的基础上产生了“婚姻”念头。孩子“童年的爱情”不带有性冲动，实际上是孩子对于关爱和陪伴需求的一种特殊表现。这也是孩子“结婚对象”最初都是父母的原因。

孩子表达自己感情的方式比较直接和纯粹。任何能表达他们情绪的方式他们都会采用，“婚姻”就是其中的一种。4－5岁的时候，长期与父母、幼儿园老师、小朋友相处的孩子的情感会日益丰富起来。感情直接的孩子总是想巩固自己获得的关爱，“婚姻”就是他们发现的可以实现自己目的的好方式。

在婚姻敏感期，孩子们会对恋爱、结婚等话题非常感兴趣，当然孩子感兴趣也只是停留在非常表面的层次，一定程度上还是其模仿心理作祟的结果。在这个敏感期，孩子会经常在游戏中扮演丈夫、妻子、孩子等家庭角色，按照自己的理解去体会成人的婚姻世界和家庭生活。在这些游戏中，孩子慢慢有了自己的“初恋”，有了自己的“婚姻”需要。

理解孩子的“结婚”心理：需要关爱

要理解孩子的婚姻敏感期，首先就要理解孩子的“结婚”心理。孩子的婚姻敏感期一般出现在4岁以后。最开始表现为，对父母的喜欢，要和父母

"结婚"，但是他的"结婚对象"会慢慢发生变化。父母之后是幼儿园的老师，最后是玩得好的小朋友。从这一点就可以看出，孩子的"结婚"心理是非常不稳定的。究其根本，无非就是想和最亲密的异性伙伴待在一起——不管是父母、老师、还是小朋友。

这时候的孩子如果吵着和幼儿园的某个孩子"结婚"，如果大人追问结婚原因，大多孩子的回答会让我们啼笑皆非。比如"他和我一起玩""她很漂亮""我们有东西总是一起吃""他总是关心我"等。很多时候，"倾慕"别人的对象还会做出一些比较幼稚的行为。比如幼儿园里一个男孩喜欢一个女孩，硬是要把自己的水果送给她，如果小女孩不要，他就很受伤似的跑到一边闷闷不乐。第二天又送给另一个女孩……

从孩子的表现来看，他们的"结婚"主要还是寻求稳固的"玩伴"，也就是需要别人的关爱。随着孩子交往范围扩大和认知发展，孩子对感情的需要也随之增加。孩子对于关爱的渴望，促使他们采用各种手段来巩固自己的"玩伴"，模仿成人结婚，就是他们最常采用的手段。

正因如此，孩子的"结婚"行为才显得非常有趣，婚姻敏感期也就成了孩子所有敏感期中最可爱的一个。4－5岁的孩子已经很会观察周围的社会行为，婚姻这种形式距离孩子最近，所以，孩子想利用"婚姻"来巩固自己的玩伴，从此获得别人的关爱。

孩子想和他人"结婚"是非常正常的心理现象，孩子的情感是外放的，"婚姻"只是他向同伴表达友好的一种方式。如果父母过度强行干预，不许孩子之间交往，不仅破坏了孩子之间的伙伴关系，还可能对孩子的心理造成非常不好的影响。

和爸爸妈妈"结婚"

在性别敏感期，孩子的性别意识也会慢慢增强。由于父母是孩子最为亲近的人，也是给孩子关爱最多的人。所以，孩子会在婚姻敏感期最先表现出对父母的好感。“我要和爸爸结婚”“妈妈是我老婆”几乎成为每个孩子都说过的话。

孩子有这种表现是非常正常的。在男孩子眼里，妈妈是他对所有女性最初的认识。妈妈体贴入微的照顾和温柔的话语带给孩子温暖的感觉，所以男孩子希望把妈妈从爸爸身边“夺”过来。在女孩子眼里，她们对男性力量、勇敢、高大形象的认识最初也是来自爸爸。女孩子很喜欢爸爸带来的安全感，因此也希望将爸爸从妈妈那里“夺”过来。

在孩子说和爸爸妈妈结婚的时候，根本不会意识到和爸爸妈妈的年龄差异和亲缘关系，这也意味孩子这么说只是在渴望得到父母更多的关爱。随着孩子在幼儿园交往范围扩大，孩子获得的关爱增多，孩子结婚的对象也就随之转移。这时，孩子结婚的对象变成了幼儿园的老师，以及和自己玩得很好的小朋友。

和幼儿园的小朋友“结婚”

孩子4岁左右的时候，对自己的玩伴一般都有了主动选择的意识。玩得好的孩子会出现一起吃饭、一起玩游戏，甚至一起上厕所等“亲密行为”。甚至在家里，父母也会发现，当提到孩子关系较好的异性伙伴时，孩子会一脸陶醉的表情说来说去。如果继续发展下去，就是让父母感觉非常可爱的事情了——孩子要和幼儿园里这个玩得好的小伙伴结婚。

在幼儿园里，卓卓班上新来了一位非常可爱的女同学瑶瑶。卓卓对瑶瑶非常喜欢，她一来就主动和她一起玩。几天后，他们成了亲密无间的好朋友。两人一起吃饭，在午睡的时候，卓卓一定要把瑶瑶送上她的小床然后自己才去睡……突然有一天，卓卓对着妈妈高兴地说：“昨天我已经和瑶瑶结婚了，妈妈我要把她带到家里来。”

卓卓班里还有一个叫乐乐的小男孩，他对瑶瑶也非常喜欢。他总是想把自己手里好吃的东西送给瑶瑶，然而瑶瑶并不接受。玩游戏的时候，乐乐也总想往瑶瑶那边蹭，然而瑶瑶并不理他。这让乐乐整天闷闷不乐。

专家解读

孩子在3岁以后就有了自己的审美判断，所以在选择伙伴时往往会“以貌取人”，但是，孩子选择最多还是来自关爱。往往第一个向自己表达关爱的孩子，最能够获得伙伴的好感。在婚姻敏感期，孩子会模仿大人来照看自己的伙伴，这都是孩子正常的行为表现，父母不必太过担忧。

当然，有一些孩子也会遇到“感情困扰”——自己喜欢的伙伴不和自己玩，不接受自己的关爱。一般情况下，孩子能够很快进行自我调节，将自己的兴趣转移到新的伙伴身上。一旦孩子的这种转移没能很快完成，就可能造成孩子较长时间的情绪低落，这时父母就要开导孩子，适时地为孩子寻找新的玩伴。

一些父母认为婚姻是成人之间才可以说的话题。当孩子游戏性地举行了“婚礼”时，父母就会很反感，他们认为孩子根本就不懂婚姻所意味的“责任”，简直就是胡闹。其实，父母大可不必这样，“青梅竹马过家家”的游戏是孩子天性使然，也是孩子情感世界日益完善的表现。父母无需用成人的婚姻和道德观来约束自己的孩子，否则，反而会给孩子带来不必要的心理压力。

孩子所说的“结婚”很多时候仅仅是他们表达喜爱的一种方式。大人要正确理解孩子的心理，尊重孩子对关爱和伙伴的渴望，不要采取强硬的方式进行干预，甚至指责孩子。孩子对于爱的方式都是非常自然而纯洁的，也是非常美好的。当孩子进入婚姻敏感期表现出种种“结婚”愿望时，父母应该为孩子感到高兴，因为这意味着孩子的情感世界更加丰富了。

绘画敏感期——涂鸦小画家

随着孩子身体发育不断健全，孩子手的灵活性也逐渐提升。当孩子能够握起笔的时候，就没有什么能阻止孩子拿着彩笔画来画去。

一般而言，3岁以后的孩子就开始拿着笔动手画了，但是在4岁之前，孩子挥笔和玩玩具还没有区别，甚至孩子都没有意识到自己是在写写画画。

当孩子4岁以后，一切都开始变得不同。随着孩子的成长，孩子的绘画有了“升华”。孩子不再满足那些杂乱无章的线条，而是开始按照自己的理解去关注事物的细节，画出的画也有了一定的观赏性，成人也能够有所理解。孩子在家里和幼儿园生活的日益多样化，使孩子逐渐产生表达生活的欲望，绘画就是他的表达方式。从此，孩子就进入了绘画敏感期。

在绘画敏感期，孩子将自己对生活的感受表现出来。他们在本能的驱使下，仔细观察周围的事物。一些看似很简单的小故事图画书，孩子都能有所领悟，并试着将它们表现出来。我们惊奇地发现，孩子的“作品”已经足够让我们惊叹了：人脸、太阳、小树、水果等生活中常见的事物都纷纷出现在孩子的画笔之下。

绘画是一种变相的语言，表达着人的某种认识和内心感受，这一点在孩子身上表现得更为明显。当孩子一个人在按照自己的想法画画的时候，孩子的那份喜悦是父母难以感受的。父母会发现孩子经常自豪地拿着他们的“画作”向父母展示，如果父母表现得不耐烦，孩子还会非常生气。

孩子绘画能力发展

孩子在色彩敏感期伴随着大量的涂色行为。孩子涂色的过程为孩子学习绘画打下了坚定的基础。正是通过涂色，孩子对色彩形成了基本认识，也初步掌握了用笔的方法。

在涂色的过程中，孩子总是提着彩笔在墙上、桌子上、凳子上、床单上到处涂来涂去，甚至自己身上也弄得“花花绿绿”的，弄得家里一团糟。孩子总是洋洋得意地向父母展示自己胡涂乱抹的成果，弄得父母哭笑不得。这时的孩子所涂抹的大多是胡乱的线条和圆圈，没有多少实际的意义。

进入绘画敏感期后，孩子不再是简单的涂来涂去，而是有了自己的想法，孩子的绘画开始显示出一定的规律性。这时孩子对色彩的使用有了选择，有意识地去通过色彩来表现某些东西。这意味着色彩已经在孩子的意识中有了独立的意义，因而有意识地去运用它们。就线条和轮廓而言，孩子已经能够顺利地画出圆形、三角形、四边形，这为孩子进一步画具体的事物打下了基础。在绘画的时候，孩子能够比较完整地画出房子、草地等大的场景，还有了基本的构图设计。这些都意味着孩子绘画技能真正起步了。

尊重孩子的想象力

很多父母总是不由自主地按照自己的认知去纠正孩子绘画里的错误。在绝大多数情况下，父母指出的“错误”都是正确的。但问题的关键是，以孩子极为有限的认知力并不能完全接受父母那种“现实主义”的指挥。很多时候，孩子错误的绘画在他们意识里才是正确的。

孩子在最初绘画时实际上已经调动了自己的思维和想象，画着他想表现的东西。所以说，孩子在绘画的时候加入了自己对世界简单的理解，这是非常难能可贵的。这种毫无拘束的想象力是孩子最宝贵的财富，而父母那些带有“专业眼光”的指正则会抹杀掉孩子的这种想象力。

4岁的美美上幼儿园中班了，一开始的时候，她还是像往常一样在图画书上乱涂，但是，近来却发生了很大变化。她可以拿着自己的彩笔认真地涂色，并经常在白纸上一边托着脑袋一边画，一副很认真的样子。有一天，妈妈指着美美的画问道：“这画的是什么呀？”美美很兴奋地说：“小汽车啊！”妈妈接着就对美美说：“小汽车怎么会有3个轮子，你见过有3个轮子的汽车吗？来妈妈教你……”美美听后非常不高兴，不愿意去画。

4岁半的文文也非常喜欢画画，虽然她的画妈妈根本看不懂，但还是耐心地听孩子讲画里的故事。无论是多么滑稽的画作，文文妈都会以欣赏的眼光来看待。有一次，文文给汽车画上了翅膀，妈妈问为什么，文文很高兴地说将来她要造出会飞的汽车，妈妈听后，立刻夸奖了文文。

专家解读

孩子的画没有好坏之分，也没有画得正确不正确的差别。因此，父母没有必要按照自己的理解对孩子的画指手划脚，而是应该多鼓励孩子按照自己的想法自由地去画。孩子对世界有自己的看法，这种理解是孩子成长的表现，大人应该尊重和支持孩子通过画作把认识的事物或想法表现出来的这一想法和行为。

很多父母批评孩子的画作，大多由于孩子“不写实”，却忽略了孩子在绘画中表现出的想象力。当然，父母尊重孩子的绘画并不意味着可以不管不问，而是要为孩子创造能让其发挥热情的空间环境，引导孩子自由想象，不要急于进行“专业培训”。

抓住孩子的绘画敏感期

如果孩子 5 岁之前没有玩过画笔，那么孩子的艺术天赋和想象力就无法得以自由发展和成长。我们不需要一定将自己的孩子培养成艺术家，但是，绘画、音乐之类的艺术元素也是生活的重要部分，其对孩子增长智慧有着重要作用。

给孩子自由作画的空间：绘画敏感期的孩子有自己的喜好和想法，喜欢按照自己的愿望去不停地创作。孩子对自己的绘画有很高的热情，所展现出的创造力和想象力让成人都觉得非常惊讶。所以，父母要尊重孩子的内心世界，遵循孩子的成长规律。

不要随便纠正孩子的画：孩子的认知能力非常有限，用画笔所表现出来的事物很可能与真实世界有所偏差。有些孩子甚至会把苹果画成蓝色的，把花画得比树大……

这个时候，父母不要随便嘲笑孩子，更不能按照成人的要求去纠正他们的画。当成人说孩子“画得不对”时，会干扰孩子思维正常的发展进程。实际上孩子画错很可能有自己的情感认知在里面，比如孩子将花朵画得比大树还大，很可能是因为他更喜欢鲜花的结果。

“乱画”是孩子天赋发展的必然过程，甚至可以说是一个积极创造的过程。在充满自由的环境中，孩子的手会更加自由，他的天赋也更容易被激发出来。

不要过早地进行专业教导：一些父母看到孩子“乱画”的时候，总是表现出急躁的心理，缺乏耐性。为了让孩子绘画能力快速提升，就带着孩子参加各种美术培训班。过早地对孩子进行专业培训是非常普遍的错误做法，拔苗助长很可能会损害孩子的自然兴趣。

并不是所有的孩子都能成为画家。所以，父母不要一厢情愿地把孩子培养成自己想要的“画家”，让孩子享受绘画的快乐才是最重要的。

孩子对绘画的喜好是天生的，孩子这种与生俱来的艺术热情开启了孩子的想象世界。心理学家通过研究发现，绘画热情很高的孩子往往具有较高的智商，自信力、创造力、想象力也会比较强。在绘画敏感期，孩子会忽然对画画产生浓厚的兴趣，父母要利用好孩子的绘画热情，为孩子提升智慧开启全新的道路。

音乐敏感期——爱听爱唱的“小小音乐家”

和绘画敏感期相似，伴随着孩子认知能力和思维能力的提升，孩子的听觉由最初的“听声音”阶段进入到了“辨声音”的阶段。在孩子刚出生的时候，就已经表现出了对音乐的浓厚兴趣，但大多还是出于本能。当孩子进入4岁之后，在长期聆听声音的基础上，对音乐的感知能力和理解力进入了更高阶段，这就是孩子的音乐敏感期。

音乐敏感期是一个螺旋发展的过程，而且个体差异非常大。人类天生具有对音乐的敏感，这也是孩子在婴儿期就能对不同节奏声音做出生理反应的原因。但是，此时孩子还无法形成对音乐的认识。伴随着年龄的增长，孩子不仅仅只靠听觉去感知音乐，更会用身体的运动，甚至是表情的变化去“配合音乐”。这意味着孩子对音乐产生了极大的共鸣。

孩子的音乐敏感期大多出现在4岁左右，也有的孩子会更早一些。有的孩子对音乐的爱好很可能会伴随其一生，即使不是这样，绝大部分的孩子也会在长大后对音乐保持一份热爱。众所周知，音乐是人类情感非常重要的表达方式之一，当孩子对音乐表现出无限的兴趣时，就意味着他的情感世界在日益丰富。正因如此，父母从一开始就要创造条件让孩子尽情地享受到音乐的乐趣，丰富孩子的精神世界。

前音乐敏感期发展历程

在孩子 3 个月的时候，摇篮曲之类的音乐就已经能够对孩子产生很明显的安抚作用。等孩子 6 个月的时候，就能够对音乐表现出好恶反应。比如有的孩子喜欢小喇叭的声音，而不喜欢电子琴的声音……

从 6 个月到 1 岁半之间，孩子对那些比较热烈的声音喜爱程度要超过真正的音乐。孩子喜欢乱按乱敲发出的不规则的声音，那些真正的乐曲由于缺少孩子的参与，并不能为其所接受。

这时候父母经常见孩子一个人拿着小鼓“咚咚咚”使劲敲。这个时候，父母千万不要以为孩子在捣乱，孩子正是通过这种方式，感知着声音的魅力。

等孩子 2 岁之后，已经能够唱一些简单的儿歌了，比如《世上只有妈妈好》，甚至还能和父母在唱歌的时候做简单的互动。比如一边唱，一边搂着妈妈的脖子表达亲昵。这些儿歌一般会有很简单的节奏，“说唱”结合，这也为孩子逐渐感受节奏变化打下了基础。

3 岁的孩子在听到音乐后很喜欢跟着扭来扭去，也许孩子跳得还不熟练，但是已经表现出对节奏的把控能力。这时孩子对音乐的热情也有了分化，有的孩子热情很高，甚至主动要求爸爸妈妈教他们唱歌；而有的孩子则对音乐反应显得迟缓。这时候父母不用担心，因为 3 岁以后的孩子开始有了自己的简单想法，会根据自己的喜好去选择音乐、绘画等。

正是由于不同阶段的孩子对音乐有不同的反应，所以，才要求父母有足够的耐心去观察孩子的表现，对其施以不同的音乐教育。

0 – 2 岁的孩子：这个时候孩子对音乐的感知能力还非常微弱，所以复杂的音乐和乐器很难引起孩子的兴趣。在这个时候音乐最大的作用还是分散孩子的注意力，缓解孩子的哭闹情绪。小鼓、小喇叭这些简单的乐器是最能引起孩子兴趣的乐器，当然也是孩子自由玩耍的玩具。

2－3岁的孩子：这个时候的孩子已经能够辨别出非常简单的节奏，但是那些节奏过于简单，或太过激烈的乐曲都会让孩子反感。为了培养孩子对节奏的敏感度，各种儿歌是很好的工具。2－3岁也是孩子语言能力爆发的时期，在已经理解的基础上，孩子也更能够对朗朗上口的儿歌产生兴趣。

3－4岁的孩子：实际上，对音乐兴趣很高的孩子在3岁左右的时候就已经进入音乐敏感期了。这个时期的孩子对节奏的理解力更加深入，已经能够感知简单旋律、听出是否正确。这时父母就可以适当扩大孩子所听音乐的范围，并教给孩子简单的旋律。如果孩子确实对音乐表现出很高的热情，父母可以适当的提高难度，让孩子弹奏一些乐器。但孩子不能进行专业训练，因为孩子的手指发育还不能够承受这样的强度。

给孩子自由，不要进行专业培训

在音乐敏感期，孩子很可能会出于喜好某种乐器，而表现出极高的热情。但是，孩子的这种热情是非常不稳定的。孩子可能今天喜欢敲鼓，明天就去摆弄钢琴。一些父母看到孩子对某种乐器表现出来了一点兴趣，就一厢情愿地要求孩子去学，甚至他们会逼着孩子去上各种辅导班，这是不正确的。

孩子喜欢音乐很大程度上还是出于情绪上的需要，即使孩子对某种乐器表现出了热情，也不过是孩子把乐器当成了“玩具”。所以，父母不能在没有和孩子商量的前提下，就强迫孩子去接受一些专业的训练。

最为重要的是，这个时期孩子的手指、肢体、大脑发育还很不完善。尤其是手指根本不能承受专业训练所要求的强度和灵活度。比如，让孩子过早地接触钢琴，如果强度过大，很有可能会造成孩子手指骨变形。而且，此时期的孩子在理解力、注意力等方面也没有达到专业学习的水准。对于音乐学习还达不到良好的效果，反而会伤害孩子的积极性。

丽丽的幼儿园老师是学音乐出身，她非常喜欢音乐。由于老师家距离幼儿园非常近，所以，有时候老师就会带着几个孩子到家里玩。有一天老师带着丽丽也去了，看着大家对自己家的钢琴很感兴趣，老师就即兴演奏了一曲。

结果，丽丽立即就迷上了弹钢琴，天黑了还不想回家。在家吃饭的时候，她一个劲地对爸爸妈妈说："我要弹钢琴！"丽丽妈一听非常高兴，第二天，她就让丈夫花大价钱买了一架大钢琴。结果不到2个月，丽丽就再也不想弹钢琴了。钢琴是花了大价钱买的，搁置着可惜，于是，丽丽妈就逼着丽丽去学。孩子总是很不情愿地去弹，进步非常慢，为此她妈妈也很苦恼。

专家解读

这种情况很多父母都遇到过。很多父母会理所当然的认为，既然孩子很喜欢音乐，为什么不让他去乐曲兴趣班或者干脆给孩子买点乐器呢？这种想法是很不正确的。因为孩子对具体乐器的兴趣是非常不稳固的，一旦孩子失去了兴趣，父母的强迫只会让孩子更痛苦。

父母要看到音乐只是孩子享受生活快乐的手段，这才是最重要的。让孩子在幸福感中自由地享受音乐的奥妙，他们的兴趣也才能更持久。即使孩子真的表现出了一些音乐天赋，等孩子进入了学龄时期，再对其进行专业培训也不迟。要知道，绝大多数孩子都成不了音乐家。让孩子和部分大人一样，充分享受音乐才最重要。

把握孩子的音乐敏感期，最重要的是培养孩子对音乐的热爱，而不是技巧。让孩子尽可能多地接触不同形式的音乐，体会多样的快乐很重要。兴趣才是学习的最大动力，一旦孩子对音乐有了足够的热情，以后学习音乐才会事半功倍。

音乐早教的要点

对孩子的音乐早教从孩子还未出生时就可以开始。据研究，在胎教时期，一些舒缓的音乐已经能够让胎儿安静下来（在前音乐敏感期的早教前面已经论述）。那么，在音乐敏感期又该如何提升孩子对音乐的感知呢?

让孩子自由去尝试：尽管一再强调不要过早地对孩子进行专业的音乐教育，但并不意味着不让孩子去接触乐器。如果有条件，父母可尽量让孩子通过自己的双手去摆弄各种乐器，来初步感知各种乐器的声音，对孩子来说，直接的感官认识更为重要。

古典音乐最适合：即使在音乐敏感期，孩子还是很难理解流行音乐所表达的意义，实际上，很多音乐也超越了孩子所能理解的范围。据研究，流行歌曲的音域并不适合孩子。那么，我们应该给孩子准备什么样的音乐才最适合他们呢？对孩子的音乐教育不是为了让孩子去理解音乐，而是为了培养孩子的乐感。所以，节奏舒缓、格调平和的古典音乐最适合。

节奏训练最重要：从唱儿歌开始，孩子就逐渐体会到音乐的节奏了。那些简单明快的节奏也是孩子把握音乐最好的方法。孩子还不能理解曲调，但能够对节奏做出明确的反应，因此，此时期可加强对孩子音乐节奏的训练。父母可以通过游戏的方式来达到这样的效果，比如和孩子一起唱儿歌，带着孩子边唱边拍手、让孩子模仿自己有节奏地敲东西。

当孩子进入音乐敏感期，对音乐表现出极大的兴趣时，为他们提供自由的空间享受音乐，远远比对孩子进行专业的音乐培训更重要。适时鼓励能够刺激孩子对音乐的热情。小孩子的嗓门大，唱得很可能“不好听”，这时千万不要指责小孩子——“狼都被你招来了”“能不能安静一会儿”……这种话很容易刺激孩子，打击孩子唱歌的积极性。只要孩子喜欢，又没有太过吵闹，就让孩子自由享受音乐的快乐吧。

第8章

学龄前过渡：走向大世界

孩子的特点

5－6 岁孩子进入了敏感期的尾声，其学习能力也得到更大提升，进入了向学龄阶段过渡的时期。这个阶段孩子的心智已经很少有婴儿期的特点，身体发育也进入了快车道，这一切都为孩子更快地成长打下了基础。

正因为这样，孩子在敏感期尾声的阶段，敏感表现的层次上更高一层。孩子的学习能力和对社会的感知能力进入了爆发期。由于孩子发展的不平衡性，那些错过了早期敏感期的孩子，在这个年龄段也许会重新出现。比如那些错过审美敏感期的孩子，就很可能在这一阶段表现出强烈的审美需求。那么，在孩子敏感期的收官阶段孩子又表现出哪些特点呢？

身体发育特点

5－6 岁的孩子身体发育明显加快，身体各主要器官的功能发育基本和成人无异。孩子身高增加比较明显，由于头部占身体比例下降，孩子的身体显得更加匀称，已经完全看不到婴儿时期的特点。

这一时期孩子身体发育的差异还是非常明显的。男孩体重大约为 16～29 千克，身高大约为 106～126 厘米；女孩体重大约为 15～26 千克，身高大约为 105～124 厘米。由于孩子身体发育加快，所需要的营养也就更为丰富和均衡，所以，需要父母更加关心。

身体运动特点

这一阶段的孩子已经有非常清晰的空间感，大脑的神经系统发育也基本完成，孩子控制身体的能力更为完善。比如孩子在走路时已经和成人没有太大区别，步伐有力而沉稳，奔跑也非常自如。

正是在孩子身体控制能力和手眼协调能力大幅提升的基础上，孩子的运动也显得更加成熟。这时的孩子能够走直线，能够单足跳、回旋转身、接手抛球、踢足球等。

由于孩子的学习能力增强，加上身体肌肉进一步发育，对于跳高、跳舞这些要求较高的运动，孩子也能够做得非常好。一些孩子在跳舞上还表现出了很好的天赋。由于这时候孩子身体的柔韧性非常好，如果孩子表现出对舞蹈的强烈喜好，可以对其进行简单的专业训练。

随着孩子身体运动能力的提升，孩子已经有很强的身体自理能力。像穿衣、吃饭等基本的生活技能，孩子已经完全能够掌握，甚至还能自己铺床、打扫卫生。总之，在这一阶段孩子的运动能力已经非常接近成人。

语言发展特点

孩子所掌握的生活词汇已经几乎达到成人的水平，和父母交流起来已经毫无障碍，并且愿意与父母交流。孩子已经能够很清楚地用语言来表达自己的情感和想法，这些都说明了这一阶段孩子的语言能力已经相当成熟。

这时候，孩子的语言仍然有比较明显的模仿特征，经常学大人的口气说话。同时，孩子的自我语言也有所增加，表现出孩子复杂的个性。

从基本的语言能力上说，5、6岁孩子已经能够正确发出各种音节，词汇量也大为增加。孩子已经会用一切词类，发音也非常准确。

在这个阶段，孩子语言、情感、认知的协调互动大为增加。随着孩子的交往范围扩大和情感日益丰富，孩子能够很连贯地同别人交谈，交流的对象也由具体的事物转为抽象的事物。童话故事对孩子的吸引力开始有所下降，孩子已经不愿意复述这些“虚假”的故事，反而更乐意聆听和重复现实中的故事。

认知特点

5－6岁孩子的事物认知能力进一步发展，对周围事物的认识也随之加深。孩子思维变化非常明显，变得具体、形象而条理。抽象逻辑思维能力也开始萌芽，这都意味着孩子的认知能力上了一个新的台阶。

虽然这个阶段孩子思维仍然以具体形象为主，但抽象概括能力已经有所体现。他们慢慢能够分清现实和虚构之间的差别，比如不再像以前那样吵着要把星星摘下来……

孩子的系统认知能力也有所提升，这一点在幼儿园教学中体现得非常明显。在物体分类上，如果给孩子印有汽车、自行车、桌子、凳子、苹果、香蕉等物体的图片时，4岁左右的孩子往往还不能够很好地分类；但5岁以后的孩子很容易就能按交通工具、家具、水果对之进行分类。在具体事物上，4岁左右的孩子往往还无法知道“车子”和“汽车”之间的关系；5岁以后的孩子就很容易做到这一点。

5岁孩子对一些抽象的概念理解更加深入。尤其对时间的认识也更加细化，已经完全明白“上午”“下午”“晚上”之间的区别。正是由于孩子对时间概念理解加深，他们也逐渐学会有规律的学习和生活，作息时间也比较合理。孩子对“左”“右”这样的概念也能很容易分辨清楚，一般能够准确的分出自己的左右手。

随着孩子思维发展，5－6岁孩子在看书、听故事上的“要求”也提升了。比如在听故事时，5岁前的孩子比较喜欢那些简单的的故事，或者短小的童话；5 岁以后的孩子则更倾向于情节连贯的故事。无论是看书、听故事，孩子的个人主见都增多了。比如孩子能够发现图画书里的错误，在父母讲故事的时候，孩子还经常打断并提出自己的疑问。同时想象的内容越来越全面、连贯，绘画时画面内容也更加符合逻辑。

在学习过程中，孩子的意志力和稳定性也在逐步加强，大多数的孩子能够集中注意力达到 20 分钟。由于孩子稳定性不断增长，所以能够较长时间从事自己感兴趣的事情，比如玩游戏、画画、听故事等。孩子排除外来干扰的能力也增强了，比如当孩子津津有味地听故事或画画的时候，有其他孩子来找他玩，他很可能不会立即放弃手上正在做的事。

情感交往特点

5－6 岁孩子的情感逐步稳定，不再动不动就使性子，这也意味着孩子开始逐渐有意识地控制自己的情绪。在与小朋友的相处中，孩子能够保持比较稳固的友谊，对友谊的理解也有了一定发展，不再简单地以“给我好吃的”这样简单幼稚的理由来判断友谊。由于能够比较理智地看待自己和小伙伴的行为，孩子的情绪也更加稳定。当然，孩子的心智毕竟不成熟，还是很容易因为争抢东西而发生矛盾。

随着孩子年龄的增长，其内心世界也变得越来越复杂。逐步表现出个人的性格倾向和兴趣爱好，喜怒哀乐等细腻感情也更加丰富。孩子的自尊心也逐渐增强，当受到批评时能感觉到羞愧。

这时候的孩子更加积极主动地探索着周围的世界，与人的交往也随之更加积极主动。孩子一方面能够在父母及幼儿园老师的指导下，接受各种社会行为规范；另一方面能够向别人积极反馈有意或无意学到的各种知识。无论是和父母、老师还是小伙伴，孩子的交流能力和愿望都大大增强了。

这个时候的孩子慢慢变得懂事，表现得很爱家，同时也更容易受家庭环境的影响。家庭是否和睦对其心理健康影响特别大，所以，父母要尽量为孩子提供平静快乐的家庭生活。

阅读敏感期——爱翻书的好孩子

随着孩子年龄的增长，孩子已经不仅仅满足于简单听父母或幼儿园老师的“读”，而是更加渴望自己去读，亲自去发现故事书的乐趣。由于这时候的孩子已经在幼儿园度过了很长的时间，认识了一些基础的文字，孩子能够在简单文字的提示下发挥自己的想象力，体会书里的乐趣。

当然，这时候的孩子还不能够真正阅读，但他们还是通过“阅读”巩固了自己的认识，甚至有了自我发现的新过程。实际上，孩子的阅读也是从那些被父母或老师读过很多遍的故事书开始的，这也说明了孩子最初的阅读很大程度上就是为了巩固自己获得的知识。

当孩子有了一定的阅读基础后，阅读热情会更加高涨。孩子不再局限于读那些熟悉的书，而是渴望更新的内容，这就意味着孩子已经完全进入了阅读敏感期。当孩子对阅读发生强烈兴趣后，就会更加积极主动地去学习，也会更加关注书本身的内容和其所反映的简单内涵。更重要的是，阅读兴趣很大程度上决定着阅读效果，有兴趣读书的孩子显然更能获得乐趣和知识。

在孩子的阅读敏感期，父母应让孩子尽可能多地接触书籍。这不仅能够增长孩子的知识，更能够促进其想象力、观察力及思维力的发展，这对孩子进入学龄阶段后的学习非常重要。孩子在阅读的过程中还会获得情感方面的体验，丰富孩子的精神世界。

让孩子在6岁左右开始阅读已经成为教育专家的共识。虽然孩子天生对阅读有一种热爱，但是需要良好的环境为其提供保证。孩子的阅读兴趣的产生是与成人的引导分不开的。同时，孩子的思维发展更多偏向于直观形象，还需要成人的指导才能得到进一步提升。

阅读不意味就是识字

尽管孩子表现出很高的阅读热情，并不意味着孩子进入了系统性“识字”的阶段。孩子对故事感兴趣大多还是因为书中配置插图本身就表达了一个完整的故事，文字只是起到了辅助性的作用。但是不少父母还是想着借用不多的文字，来实现自己额外的目的——教孩子识字。这些父母认为只有让孩子学会“识字”，才实现了阅读最大的价值。实际上，父母这样做只会给孩子的阅读体验带来干扰，让孩子享受不到阅读的乐趣，进而很可能对书产生厌恶。

孩子在阅读中会有自己的关注点，会有自己的发现，父母的干预只会破坏孩子的自我阅读过程。所以，给孩子自由的阅读空间是非常重要的。

当然，给孩子自由阅读的空间不意味着父母就不闻不问，相反，需要父母的积极参与。犹太人在孩子出生后不久，就把书抹上蜂蜜让孩子去闻，让孩子意识到“书是甜的”。在孩子很小的时候，父母就可以为孩子准备各种图画书，让孩子随着自己的喜好去翻书、看书、撕书、画书、扔书……其实，这也是孩子在手的敏感期和色彩敏感期最喜欢做的事情。当孩子进入阅读敏感期的时候，仍然只是对特定的内容感兴趣。所以，父母仍然要给孩子足够的空间去发现。孩子在阅读有障碍的时候，自然会兴致勃勃地向成人提问。

强强的爸爸妈妈都是知识分子，对孩子的教育非常上心。总是希望自己的孩子能够走在别的孩子前面，因而一抓住机会就对孩子进行“教育”。强强在5岁的时候就能背诵十多首唐诗，还参加了绘画兴趣班。强强父母非常高兴，但孩子却总是闷闷不乐。

一天，强强找到了3岁时妈妈买给他的一本图画书《大卫，不可以》。这是一本很滑稽又充满生活乐趣的书，强强一边翻一边哈哈大笑，很高兴的样子。这时候被妈妈看到了，妈妈劈头盖脸地就说："你都多大了，还翻这种书！来，看这本注音故事书。"强强不得不扔下手头的图画书，去读妈妈安排的故事书。

专家解读

父母在孩子早教时期很容易忽略孩子的真实需要，而是将自己的"教育目的"强加给孩子。孩子喜欢阅读不意味着孩子就会对文字发生了很大兴趣，很可能就是因为喜欢里面的图画，甚至是被书中奇妙的色彩搭配所吸引。

即使到了5岁，孩子的认知能力还是非常有限，并不能接受太大量的系统学习课程。孩子的阅读以"乐趣"为主，学习知识处于辅助地位。只要孩子对阅读保持着兴趣，进入学龄之后，自然会积极学习。父母要做的就是帮助孩子解答阅读的障碍，为孩子提供足够多的适合孩子读的书，让他自己去探索。

进入阅读敏感期的孩子对"图多字少"的书兴趣最大，因为此时孩子的思维还是以直观、形象为主，图画最能引发孩子的共鸣。实际上，即使孩子不怎么接受文字，仅仅通过图画也完成了学习和思考的过程。不强加特殊任务的自主阅读是最适合孩子的阅读方式。孩子年龄尚小，阅读当然不能从文字开始，通过图画同样能够激发孩子的想象力和思维力，为孩子开启五彩斑斓的世界，才是阅读的最大目的。

用孩子的阅读方式帮孩子阅读

成人和孩子的阅读方式是截然不同的。成人主要阅读文字，孩子则主要阅读直观形象的图画；成人通过阅读去发现内在的知识逻辑和实际用途，孩子则通过阅读发现趣味、享受乐趣；成人在阅读中主要是从新内容中发掘自己需要的东西，孩子则更喜欢阅读已经熟悉的东西来强化自己的认识；成人偏重知识性读物，孩子更喜欢故事性强的图画书……

这一系列差别决定了孩子阅读有自己的特殊之处，成人在指导孩子阅读的时候就要从孩子的角度出发。

挑选孩子喜欢的图书：尽管图画书是孩子的最爱，但是每个孩子的喜好有所不同，会对读物有自己的要求。比如有的男孩子喜欢变形金刚，但有的男孩子就不喜欢。所以，父母不要按照自己猜测的喜好去为孩子选择图书，最好带着孩子一起去。只要图书适合孩子的年龄段，内容又积极，就完全可以按照孩子自己的喜好来。为了丰富孩子的视野，父母也可以多带孩子去一些有差别的图书市场，增加孩子的兴趣点。

购买内容生动的读物：尽管市场上的幼儿图书琳琅满目，但又良莠不齐。在为孩子挑选图书的时候，尽量找那些画面和内容都比较生动活泼的图书，这种书更容易唤起孩子的兴趣。生动也是针对孩子而言，只要孩子喜欢，就是最生动的书。

选择一些贴近生活的书：很多父母都喜欢为孩子选择能够达到某种目的的书，比如科学类读物。但是，绝大多数科学读物都是为学龄孩子准备的，并不适合敏感期的孩子。即使非常简单地科学知识也超出了孩子的接受范围。这时候父母最应该为孩子准备的就是贴近生活的书，让孩子学会基本的生活，感受生活的乐趣就足够了。

适合孩子的阅读方法

虽然孩子的阅读能力有限，但已经知道哪些书能够给自己带来兴趣。孩子会主动引导家长去买自己喜欢的书。阅读敏感期的孩子最喜欢和父母一起阅读，因为这样他们能够随时向父母提问或者和父母分享自己的“心得”。亲子共同阅读对孩子的智力开发有很大促进作用。那么亲子共同阅读时有哪些方法呢？

角色扮演法：孩子喜欢的书大多故事性很强，而且，这些故事大都比较简单。父母可以采用角色扮演的方式将这些故事表现出来，进一步加深孩子的理解。当孩子熟悉了书中的内容后，他们也会用极大的热情去表演。在角色扮演的过程中，孩子的语言能力和思维能力也得到了充分的锻炼。

重复阅读法：孩子的记忆力非常有限，所以会经常采用重复的方法来巩固自己的阅读体验。为孩子提供的图画书在精不在多。因为孩子的接受力有限，走马灯式的换书很可能会造成孩子的思维和认知混乱。而多次重复阅读之后，孩子会因为能够自己叙述书里的内容而感觉到自豪。通过重复阅读，孩子也能够从简单的故事中得到更多体会。

想象阅读法：当孩子对书的内容非常熟悉之后，父母就可以适当引导孩子对书的内容进一步延伸，这对培养孩子的想象力和逻辑思维能力非常重要。由于针对孩子的图画书都是非常简单的，结局也多是开放的，让孩子去想象故事进一步发展的结果是更高层的阅读活动，能够激发孩子的想象力和创始力。比如当孩子看完《白雪公主》后，父母就可以启发孩子想象一下七个小矮人的结局，让孩子明白其中蕴含的道理。

阅读敏感期通常在孩子 5 岁左右出现，个性差异表现非常大。有的孩子 4 岁左右就对阅读表现出极大的兴趣；而有的孩子则直到学龄之后才有这种表现，这都是非常正常的。无论孩子什么时候进入阅读敏感期，让孩子享受到阅读带来的快乐才是最重要的。

社会规范敏感期——我要做个好宝宝

孩子在成长过程中接受社会规范是一个极为漫长的过程，需要经过反复的“实践”才能完成。这也造成了从孩子有主动意识后的漫长“实践过程”几乎都处于社会规范敏感期。在这个漫长时间内，孩子逐渐学会了基本的生活规范、日常礼节、社会规则等。在此基础上，孩子逐渐在行为上更加自如，和他人交往也更加自然。

2岁之前孩子的社会能力是一片空白，只能依赖父母。正是在父母的指导才逐渐学会结交朋友，喜欢参与群体活动，这就说明孩子进入了社会规范的敏感期。社会规范敏感期的教养有助于孩子学会遵守社会规则及日常礼节，抓住时机教养，有利于孩子将来遵守社会规范，拥有自律的生活以及和他人轻松的交往。

随着自我意识的发展，孩子对世界的探索欲望也逐渐提升。在与人的交往中，孩子会逐渐形成自我的是非观。尽管孩子在这个过程中很容易犯错，父母也不要为了图省事而替孩子代劳。没有什么比孩子将社会规范内化到自己的意识中更具指导意义了。

孩子对社会规范的学习更多还是通过模仿来获得。父母应该利用孩子喜欢模仿的特点，再通过自我示范来引导孩子。父母要多带孩子参加一些社交场合，在与邻居、朋友等人群的交流中为孩子做好表率。孩子刚一开始可能会因为不熟悉而对陌生人有些戒备，一旦孩子熟悉后敞开心扉，就能够很自然地模仿了。

孩子的自控能力还是非常弱的，很多时候让孩子懂得社会规范还要靠约束。孩子会有很长时间的执拗敏感期，会由着自己的性子，去做一些事情。这时候对于一些原则性的问题，我们一定要让孩子遵循。既不能因为孩子哭闹而大动肝火，也不能对孩子放任自流。

社会规范敏感期孩子的特点

社会规范敏感期主要发生于2.5－6岁。孩子对社会规范的学习和认同，是与统一心理发展紧密联系在一起的。

2岁以上的孩子，首先进入了自我意识的敏感期，逐渐能够区别自我和他人的存在。在接下来的秩序敏感期，孩子开始按照自己的“想法”来看待周围的世界，这也正是孩子对社会规范渴望的表现。正是由于孩子感受到了别人的存在，所以会更加关注身边与自己年纪相仿的伙伴，开始有了和伙伴交往的愿望。随着孩子年龄进一步增长直至进入幼儿园，孩子在群体中生活的愿望会更加强烈。尽管孩子的心理模式还是以自我为中心，但对群体活动和一些规则产生了更多认同。

随着孩子与幼儿园小朋友之间的关系有了长足发展和基本礼仪规范教育的增加，孩子对社会规范也表现出了浓厚的兴趣。比如“过马路看红绿灯”这个问题，孩子就会很坚持原则。这一时期孩子的自尊心也是非常强烈，获得小伙伴的青睐和成人的夸奖是小孩子会普遍感觉到自豪的事情。因此，孩子也会在别人的批评中，改正自己不恰当的行为。

这个年龄段的孩子乐于模仿，社会规范也会迅速在其身上发挥作用。因此父母可以有意识地在生活或与人交往中融入一些规范教育元素，同时为孩子做好表率，让他成为懂规矩、人见人爱的好孩子。

尊重孩子的规则需求

孩子对规则的认同感有时候比成人更加强烈。这是因为对于弱小的孩子来说，规则能够带给他们安全感，同时也不会让他们发生认知混乱。尊重孩子对规则的需求非常重要，当孩子对规则的渴望得到满足后，才会对规则产生认同感。

孩子对规则有自己的需求。在社会规则敏感期，他们对一些简单的看似游戏性的规则也非常坚持。这样的孩子就显得非常执拗。面对孩子一些看似不可理喻的行为，父母也应该多考虑其背后的规则因素。

天天和乐乐是一对非常要好的朋友，住得也非常近。他们经常在一起玩，有东西也喜欢一起吃，有好玩的玩具也会很愿意交换，彼此其乐融融。

在一个星期天，天天又去乐乐家玩。乐乐拿出了妈妈新买的遥控汽车，俩人玩得不亦乐乎。看着天天很喜欢自己的遥控汽车，乐乐就说："老师教了我们一首儿歌，你还记得吗？如果你能唱出来，我就把汽车送给你。"天天恰好在周五的时候就学会那首有些难度的儿歌，尽管唱得断断续续，还是唱完了。

乐乐没想到天天能够唱出来，自己只是想"为难"一下他。而且自己如果把小汽车给天天的话，是什么都交换不到的，就反悔了，不给天天遥控汽车。结果俩人玩得很不高兴，天天回到家时哭着对妈妈说："乐乐骗我，他说话不算数。"

专家解读

很多父母都遇到过这种情况。大多父母一般会认为天天太执拗，本来汽车就不是自己的，怎么能因为一句玩笑话就闹脾气呢？我们要深入到孩子的内心去了解这个问题。天天和乐乐是非常好的玩伴，本来他们交换玩具玩耍时是非常融洽的。但是这次之所以发生矛盾，只是因为乐乐“违背”了承诺，承诺的重要性已经超过了玩具。

在社会规则敏感期的孩子看来，一旦双方都认可了某个规则，无论这个规则看起来“公不公平”都要彼此遵守。所以，当孩子看似非常执拗地坚持不太合理的要求时，他们只是在维护心中的规则感。这时候父母要尊重孩子的这种感受，然后再加以恰当地加以引导。

当面对更具原则性的社会规范问题时，孩子也会表现出比成人更强烈的自觉性。比如，在过马路的时候，一些成人会抢红灯，这时孩子就会阻止；在路上一些成人随地吐痰，孩子也会批评；当成人乱丢垃圾时，孩子也会很生气地捡起来扔到垃圾箱里……当遇到这些情况时，成人千万不要出于羞耻之心而对孩子不讲道理，这样只会打乱孩子的是非判断。

当然，孩子也会有一些不遵守社会规范的情况，最常见的就是“偷东西”。比如将幼儿园或朋友家，自己喜欢的东西偷偷带回家。实际上，孩子对“偷”并没有明确的概念，父母没有必要太过大惊小怪。对孩子进行惩罚不是好的教育方式，循循善诱的教导最好。

培养孩子的社会规范感

孩子要养成正确的社会规范感并不会一帆风顺，需要父母的不断指导和鼓励。而且孩子社会规范形成是一个非常漫长的过程，父母首先要在大方向上为其做好把控。

创设丰富的社会性环境：孩子社会规范的获得与社交能力的提升，需要在实践中获得。孩子的抽象学习能力非常有限，只有在实际活动中才能逐渐获得。在当今社会中，独生子女家庭居多，邻里之间又缺少交往，所以，孩子缺乏必要的交往环境。因此，父母要有意识地多创造丰富的交往环境。多带孩子去社区活动中心、公园等人多的地方，或领着孩子去亲戚朋友家多拜访，满足孩子的交往需求。让孩子接触更多的同龄伙伴，让孩子多感受和观察成人之间的交往，对孩子也很有帮助。

有很多适合带孩子参加的社会性活动，如参观、演出、聚会、展览等。在这些社会性活动中，会接触到各种各样的人，带孩子经常参加这类活动能够让孩子学会协商合作、为人谦让等多种社会技能。

利用事件进行教育：孩子基本社会能力的形成过程，也是孩子基于生活事件累积社会经验的过程。正是在一次次的事件中，孩子的心智逐步成长起来，达到与社会规范相契合的地步。在生活中，孩子会遇到一些矛盾冲突的事件，比如与小朋友争抢玩具、打碎亲戚家的花瓶、和小朋友打架、别的孩子撕坏了自己的书等。这些偶然事件能否正确解决，深深影响着孩子的社会能力发展。

当孩子在生活中遇到各种问题时，父母一定不要立刻就按照自己的想法替孩子解决问题。而是要先试着引导孩子去处理彼此间的矛盾，帮助孩子学会彼此理解和原谅，学会与别人和谐相处。正是在一次次处理偶然的矛盾事件中，孩子不断进行着自我调整和适应。

给孩子自由的空间：当孩子进入社会规范敏感期时，父母常有两种错误的做法：一是带孩子出门的时候，让孩子待在自己身后，处处为孩子“代劳”；二是在孩子与别的孩子相处时，按照自己的想法干预孩子选择朋友，或者粗暴干预孩子之间的矛盾。

孩子的成长不能由父母代劳，所以，给予孩子自由的空间就非常重要。

只有孩子去体验和经历，才能积累起属于自己的“社会性经验”。

孩子处于社会规范敏感期的时候，家长应该适时提供协助，而不是粗暴不干预。当孩子2岁之后，父母就要特别关注孩子的社会性行为。每个孩子都有自己的个性和性格，只要父母多给予关注，就能很好理解孩子的想法并加以指导。实际上，2岁之后的孩子就有了一定的思维能力，能够尝试去理解父母的要求。父母要在理解孩子内在需求的基础上，有针对性地对孩子进行引导，让孩子学会生活规范、日常礼节和社会规则。

自然敏感期——爱往外跑的“冒失鬼”

感觉是孩子认识世界最初的途径，也是最为重要的途径之一。正是感官将人与大自然连接在一起，孩子通过感官认识了一个五彩斑斓的世界。当孩子进入行走敏感期，有了行走能力后，父母就会发现孩子经常跑出去感受大自然，“家”仿佛已经成了孩子的牢笼。

孩子对大自然的观察和感受伴随着整个敏感期，每个年龄阶段都会有自己的发现。5岁之前，孩子对大自然的观察大多停留在好奇之上，产生的认识也非常表面化。当孩子进入阅读敏感期之后，一切就变得不同。正是阅读为孩子开启了一个全新理解大自然的方式，孩子又重新燃起了对大自然的好奇，也就进入了自然敏感期。

这时候的孩子不仅仅是自然观察者，还是自然的理解者和探索者，成为了大自然的朋友。理解大自然已经成为孩子的内在需要，孩子的心灵在呼唤着大自然。

丰富多彩的大自然为孩子提供了无尽的生命体验，孩子对充满活力的生命的关注度也有着很高的热情。孩子会再次像细微事物敏感期那样，细细观察眼前的事物，而且加入了更多的思考因素在里面。孩子也会对小动物表现出极高的爱心，总喜欢养一些小动物，和它们玩在一起。

无论是观察大自然还是照顾动物，这时候的孩子都表现出了很强的认知特点，这也是孩子在自然敏感期最鲜明的特点。在细微事物敏感期，孩子还只是简单地观察。而进入自然敏感期，孩子就开始按照自己的认知思维去思考了。比如同样是观察蜘蛛，细微事物敏感期的孩子主要是对蜘蛛能够沿着蛛丝爬上爬下感到好奇；而进入自然敏感期的孩子则在好奇之余思考蛛丝从哪里来，蜘蛛网是怎么结的。

懂科学的小天才

尽管我们主张在阅读敏感期不要强迫孩子去读一些学龄儿童的书，但是很多孩子往往自己会对这些书，尤其是“十万个为什么”之类的小科普书非常感兴趣，这时候当然应该鼓励孩子去读。事实上孩子也会为自己知道很多科学原理而“沾沾自喜”。

虽然孩子对大自然的认识很难真正达到“科学”的地步，但是孩子已经能够采用比较客观的视角和科学的态度去看待大自然的种种事物和现象。由于孩子的认知能力有限，有时候孩子的“科学认识”看起来那么幼稚甚至是错误的，父母也不要急于纠正，因为大人的解释往往超越孩子的接受能力，过度干预只会让孩子的认知产生混乱。

贝贝5岁半了，是一个很有灵气的孩子。看着孩子学习能力很强，妈妈就给他买了一套注音版的《十万个为什么》。由于是注音版，很好读，讲得也比较简单，贝贝时不时就捧出来读一个小讲解。在阅读的时候，小贝贝有时候还眉头紧锁，一副认真思考的样子，看得妈妈也是忍俊不禁。

有一天，一番电闪雷鸣之后，下起了冰雹。几天后贝贝突然对妈妈说：“我知道什么是冰雹了，水汽跑到高空中，由于那里很冷，就被冻成了小冰粒，小冰粒沾到的水汽越来越多，冰粒也就越来越大，最后太重了就落到了地上……”虽然妈妈知道冰雹形成远比贝贝讲的复杂，但是妈妈还是忍住没纠正孩子，而是夸奖他聪明，鼓励他接着读下去。

专家解读

任何知识尤其是科学知识获得都是一个循序渐进、由浅入深的过程。这也和成人的研究过程相符合。在孩子出于对大自然的好奇而畅游知识的海洋时，我们就应该秉持一种正确的态度——孩子的学习热情是最重要的，要让孩子接受其思维能力所能接受的知识，否则，只会破坏孩子的学习热情。

小贝贝对冰雹形成的解释显然是不正确的，但这真的很重要吗？即使成人也很少能准确说出冰雹形成的原因。苛责孩子认识不正确显然是不合适的。大自然奥妙无穷，只要孩子保持对大自然的热爱，知识自然会在以后的学习中逐步完善起来。

当孩子表现出对自然科学知识的浓厚兴趣后，父母可以为孩子选择一些相关的书籍。这些书籍以图文并茂为佳，内容要通俗易懂，并有一定的科学性。同时，父母也要有相关的知识储备，以应对孩子的疑问。

孩子也是“好父母”

进入自然敏感期孩子另一个非常明显的表现就是非常热爱动植物，尤其是对各种可爱的小动物更是青睐有加。孩子会像大人一样照顾自己的“小伙伴”，给它们取名字，和它们玩耍。同时，孩子还会表现出对家里的鲜花、树上飘落的叶子产生浓厚的兴趣。

当孩子到了5、6岁的时候，很多父母都会发现孩子很喜欢和家里的小猫、小狗待在一起，甚至把它们抱上自己的小床，不舍得它们离开自己一步。孩子总会痴迷地和这些小动物玩耍，给它们喂食，为它们铺小床，给它们梳理毛发，就像大人照顾孩子一样。

热爱动物是孩子的天性。从生理学上说，这些可爱的动物和孩子都充满了勃勃生机，正是这种相似，让孩子喜欢和活泼可爱的小动物“交往”。

孩子与小动物的关系，与父母和子女的关系很像，都是一种出于怜爱之心的保护。随着孩子成长，他们逐渐认识到自己处于被父母保护的地位，自己非常弱小。所以，当孩子碰到比自己更弱小的小动物时，就会将父母对自己的关爱之情转嫁到它们身上。所以，只要有条件，父母就在家里养一些小猫、小狗、小乌龟、金鱼等小动物吧。在照顾小动物的过程中，孩子会逐渐产生责任感，孩子的情感世界和爱心也日益丰富起来。

在自然敏感期孩子会对自然界充满了热爱，也愿意去探索大自然的各种知识。正是对大自然的热爱，让孩子对动植物充满了亲切之感。孩子在自然敏感期的种种表现也说明了孩子的学习能力得到了很大提升，为孩子义务教育时期学习打下了基础。孩子的生活能力也显得更加成熟，这也让父母对孩子以后的发展充满了信心。

数学敏感期——爱算数的小天才

数学被看作是人抽象思维能力的代表。随着孩子认知能力尤其是思维能力的提升，孩子对事物抽象思维和概括能力也有所加强，在此基础上，孩子进入了数学敏感期。很多父母发现，数学对于幼儿园的孩子是最难学的，孩子学会20以内的加减法就得将近两年时间。但是一旦孩子接受了数学思维，就为其认知世界开启了新的大门。

虽然孩子早早就接触了数字，但是对数学的敏感却来得非常晚。这就是因为过于抽象的数字及运算所代表的含义对孩子来说，实在是太难了。孩子早期的“认数、数数”等活动，实际上只能算是机械记忆，由于数数更带有“儿歌”的色彩（因为常常将数字编入儿歌之中），所以在孩子看来，那些数字和图画没有什么区别，也就是说孩子根本无法理解数字所代表的含义。

孩子对数学的理解是循序渐进的。4岁以前的孩子虽然大多接触了数字，但很难理解加减运算，也不明白相关符号所代表的含义。即使到了5岁左右，孩子能够进行10以内的加减法，但仍然无法将其应用到生活中。比如孩子拿着钱去买东西，但仍不能明白什么是找钱，更不会计算找回的钱数对不对。到了5岁左右，我们会发现孩子真正“迷恋”上了数学，喜欢到处数数，同时开始拨弄着东西去理解加减的含义。可以这样说，5岁既是孩子对数字最为困惑的时期，但其也对数字开始了真正的理解之路，这也意味着孩子进入了数学敏感期。

孩子对数字和几何形体的理解

那些阿拉伯数字和简单的几何形体看起来非常简单，但想让孩子能够理解还需要颇费几番周折。这些抽象的概念很难在孩子的头脑中形成对应的概念。或许孩子对能够找到显示对应物的几何图形还能容易理解些，但对于那些纯概括的数字符号，孩子理解起来就非常困难。

孩子对数字的理解：4岁之前的孩子对数字的认知还仅仅停留在“数数”的阶段。只有进入了5岁，孩子对数字的理解才真正开始。这时候的孩子能够借助实物，通过“添加”或“拿走”逐步明白加减的含义，这也为孩子的数学之路开启了大门。

孩子到了6岁后，对加减的理解进一步加深，从而摆脱了逐一加减的运算。孩子已经意识到“群数”所表达的群体概念，所以能够将两个表现群体感念的数直接加在一起。比如将2和3加在一起时，大多孩子就不再像以前那样把分成5个1后的数字一点点添加来得出答案。

虽然6岁左右的孩子基本上只会10以内的加减法，但也是一个全新的数学起点。在培养孩子加减能力的时候，可以首先以实物为工具，借助于合并、分开等动作来帮助孩子建立加减观念。当孩子逐步理解后，就可以让其依靠头脑中呈现出来的“实物”来进行计算。等孩子完全熟练后就可以直接运用数字进行运算，无需再借助实物的帮助。

孩子对几何的理解：几何形体实际上比数字要简单一些。因为客观物体的基本形状比较直观，而且孩子在幼儿园时期接触的也是比较规则的形状。在空间敏感期时孩子已经形成了基本的平面和立体概念，认识图形也就更为容易。

3岁左右的孩子对事物的感知水平不够高，一般只能注意到事物的大小，不能很准确理解物体的形状，这一点在孩子垒积木中也能很容易看出来。5岁孩子的视觉有了很大发展，已经能够注意到事物最基本的轮廓。当孩子到了6岁后，即使物体在运动，孩子也能很好地判断其形状。

孩子认识几何形体时，有很明显的年龄特点和认识的先后顺序。3–4岁的孩子能够把自己日常生活中所见到的物体与几何形体进行对照辨认，可以认出圆形、正方形和三角形等。但是孩子还不能形成抽象的形状概念，所以在这个时期我们经常听到孩子将圆形说成“太阳”。4–5岁的孩子能够认识更多的形状，比如长方形、椭圆形、菱形、月牙形，而且能够注意到不同图形之间的边角特征。5–6岁的孩子对图形的认识已经比较娴熟，大多还能够说出其基本特征。

贴合生活的数学学习

数学本身就是非常抽象的。借助于现实中具体的事物，将孩子的形象感知和抽象结合起来，孩子才能够更容易理解。

在孩子学习数学的时候，从日常生活出发是不错的方法。在日常生活中，很多东西都会涉及数学和简单的计算，父母要利用好这些机会对孩子进行数学启蒙教育。比如，在吃水果的时候，让孩子数一数一共有几个水果，然后让孩子去分，分完之后再让孩子数一数还剩几个，这样，在无形中就教给了孩子加减法。

让孩子通过熟悉的事物建立起对于数字的具体观念，他们就会在理解的基础上更主动地去学习。在家庭中，父母有很多东西可以利用，如积木、玩具车、水果、凳子、瓶子、衣服等。让孩子主动动手去将这些物品数数、分堆，孩子就能够更容易掌握数字的概念。每一位父母都要知道，靠孩子的记忆力死记硬背，是不利于孩子的数学学习的。

芳芳五岁半了，有一次幼儿园的老师组织小朋友们去一个很大的公园玩。公园的门票才 2 块钱，里面的儿童游乐场也只收 5 块钱。老师对孩子们说："明天每个人带 10 块钱，2 块钱的公园门票，5 块钱的游乐场门票，剩下的 3 元钱你们买吃的。"

芳芳听了之后，想了一会儿，问老师："明天我要拿 10 块钱，然后再拿 2 块和 5 块，然后……然后再拿 3 块吗?"老师纠正她说："不是的，你只要拿 10 块，里面 2 块钱是公园门票，5 块钱是游乐场门票，还有 3 块钱买吃的。"可是，芳芳想了一会儿，她还是不太明白，其他孩子也有好多不明白，都想把 10 块和 2 块、5 块、3 块加到一起。看着孩子不能理解自己说的，老师只好把这个消息通知来接孩子的家长们。

专家解读

虽然很多孩子能够比较熟练地进行一些数学计算，但由于不能与实际结合起来，所以，大多孩子并不能将数字运用到生活中。比如 6 岁的孩子一般都能很迅速地说出“5+5=10”，但却不能理解两个 5 块钱加起来就是 10 块钱。

孩子能够进行抽象的数学运算，不意味着孩子就有了数学能力。实际上，孩子对数学抽象符号所代表的具体含义完全不能够理解。让孩子机械地记忆数学计算结果是没有任何意义的错误的教育方式，孩子也不能真正理解到数学的奥妙。

虽然数学是抽象的，但也不能脱离于现实中具体的事物。那些不从现实生活出发、完全脱离实践的数学教学是不能让孩子真正理解数学的。看似孩子学会了计算，实际上，孩子一直处于似懂非懂的状态。为了对孩子进行智力开发，而对孩子进行强行灌输；为了对孩子思考能力开发，而让孩子去强行记忆，这些都是教育数学最常见的错误做法。

培养孩子数学能力的误区

孩子在数学敏感期到来之前很可能已经学会数数，大多还能够组合各种形状的积木，望子心切的家长往往就按照自己的想法对孩子进行系统的数学教育。甚至当孩子“表现不好”的时候，对孩子进行指责，从而进入教育误区。

过早地对孩子进行数学教育：在数学敏感期之前孩子之所以能够数数和拼图，是因为孩子在大人的不断强化和自己的玩耍中暂时记住了一些抽象的符号。实际上，对孩子来说，它们只是游戏的一部分，与数学知识无关。不少父母往往脱离了孩子的实际能力，片面地认为教得越多越好，这样就能把孩子的数学敏感期提前。但是，父母这样做，往往只会让孩子失去对数学的乐趣，让孩子无法感知数学的真正意义。

让孩子记忆公式：机械训练固然能够在短时间内提高孩子的计算能力，一些所谓的“巧算”“速算”方法更是如此。但是，孩子的抽象思维能力并没有多少进展，只是在表面上掌握了一些数学知识。学习数学的关键就在于理解和实际应用，孩子对数学认知有自己的规律，必须借助现实的事物才能真正把抽象的数学知识内化为自己的认识。

父母将枯燥的数学融入到日常的生活中，才能够极大地培养孩子对数学的兴趣。父母可以经常和孩子做一些数学游戏，比如扑克牌比大小、猜东西、拼积木、分水果等，可以在这些游戏中培养孩子对数学的感知能力。

让孩子学数学的目的不是让孩子记住多少运算，而是开发孩子的抽象思维能力和逻辑推理能力。所以在数学敏感期，对孩子的教育应该立足于现实，让孩子理解数字的概念、了解基本的几何形体、加深对空间的感知就已经足够。当孩子进入学龄阶段，随着智力进一步发展，就能够自如地学习数学。毕竟，孩子理解数学是一个长期积累沉淀的过程。

第9章

蒙台梭利的早教智慧

童年的秘密——孩子的敏感期

即使最有经验的心理学家和教育家，也难以还原孩子的心理发展过程；即使最小的孩子也能够对周围的世界做出反应，在成人意识不到的地方缓慢发展。这种矛盾也成为教育者的研究难题。孩子的心理发展是秘密进行的，但如果认为孩子没有发展，那就大错特错。很多人认为，孩子的发展是本能的结果。实际上，他们并没有看到隐藏在孩子童年中的“秘密”。

孩子无穷的奥妙就隐藏在纷乱的线团中。要想找到这线团的结点，我们就需要研究孩子的“敏感期”，它为我们提供了了解孩子心理发展全新的途径。事实上，孩子的成长与敏感期密切相关，这也是儿童教育领域的一个重大发现。

敏感期机制

荷兰科学家德佛里斯在动物身上发现了一些“敏感期”现象，并将其运用到生物研究领域。这一重大发现也为我们认识生物成长机制提供了全新思路。后来，我们将他的理论和“儿童之家”学校里的孩子进行对照，也发现了敏感期理论完全也适用于孩子。于是，我们也将其运用到教学之中。

德佛里斯首先在昆虫身上注意到了敏感期现象。他发现，蝴蝶的幼虫有着旺盛的生命力，同时，它对食物也有着极高的要求。刚出生的毛毛虫只能吃树尖上的小嫩叶，然而，雌蝴蝶又往往出于安全和隐蔽的考虑，将虫卵产在树干和树枝连接的角落里，这里往往没有适合幼虫吃的嫩叶。这样一来，当幼虫孵化出来后，矛盾就产生了——幼虫所在的地方没有合适的食物。

雌蝴蝶和幼虫并不生活在一起。所以当幼虫破卵之后，就要学会自己去觅食。幼虫大多是没有思维的，它们无法“主动”去寻找小嫩叶在哪里。幼虫就需要借助其他外在的刺激来帮助自己爬到树枝顶端找到最嫩的叶子。

幼虫根本不知道小嫩叶长在什么地方，但它却很轻易地找到了。通过观察，德佛里斯发现是枝头的亮光吸引着幼虫爬过去。当对幼虫进行光线刺激时，它们能迅速做出反应。事实证明，幼虫对光很有敏感性，而小嫩叶处的太阳光显然更多，幼虫正是通过感知光线的变化，准确的判断出了小嫩叶的位置。但更令人奇怪的是，等幼虫长大一些，能把其他东西当作食物的时候，其对光的敏感就消失了。

我们发现孩子身上也有类似的敏感性，最鲜明的表现就是孩子对语言的学习。孩子基本上在2－3岁就能够很好地说话。很显然，孩子并没有成人那样的系统而强大的学习能力，然而，成人学习一门新语言却要比幼儿耗费更多的时间。

这就说明了幼儿在特定的时间对语言有一种超乎寻常的敏感性，正是这种敏感性赋予了孩子勃勃生机，让他产生一种惊人的学习力量。

孩子是弱小的，如果没有特殊的生命激情就很难在那么短的时间内接纳复杂的世界。事实上，如果没有敏感期，孩子就会像那些被动物养大的“野人”一样，经过十多年的成长仍然无法融入社会。

我们或许无法找到孩子在敏感期的能量到底蕴藏在何处，但是，孩子显然表现出了“惊人的征服”。

可以说，就像蝴蝶幼虫对光线表现出的敏感性而赢得了最初的生存一样。孩子也在对语言、动作、色彩等的敏感中逐步接纳了对他们来说全然陌生的世界。

对幼儿敏感期的观察实例

多少年来，心理学家都想揭示孩子对外部环境种种反应的奥妙，更想揭示孩子由感官刺激所引发的一系列心理反应的具体内容。但是无论心理学家安排什么样的实验，实际上都无法证明孩子精神活动存在与否，或者说孩子的精神活动是否是先于动作而存在的。

我们可以肯定的是，感官一定给孩子传达了某种刺激，进而让孩子做出相应的反应。就像莱文在自己的电影里表现的那样——一个孩子看到了动的东西，即眼睛为孩子的大脑提供了一个敏感的刺激信号。尽管孩子很可能还不知道那种东西是什么，但是他们已经做出反应——伸出胳膊、探着身子试图去拿它。随着孩子尝试次数增多，他的身体也逐渐变得更加协调。这就是孩子身体运动和协调的起点，正是视觉的敏感造就了这个起点。

类似的情形在孩子学习语言上也表现得非常明显。

当孩子4个月大的时候，我们就能够观察到这样的情形——当成人说话时，孩子会紧盯着成人不断晃动的嘴唇，同时非常认真地听着。有时候孩子还会随着成人说话而张开嘴"哼哼"起来。而当孩子安静地聆听时，尽管我们相信孩子不明白成人在说什么，但是显然孩子被说话的声音迷住了。

尽管我们不知道这种视听刺激如何转化成孩子的"语言"能力，但是还是惊奇地发现6个月大孩子已经能发出一些简单的音节！而且当孩子发出这些音节时，往往是孩子听到了包含这个音节的话语。可见孩子对语言有一种极为特殊的敏感性。

孩子在观察成人的嘴唇及聆听说话声音的时候，就已经借助这种刺激来悄然锻炼他的发音器官。由此可见，外界的刺激给了孩子某种我们看不到的心理动力。

孩子的这种敏感性是存在的，然而，需要我们认真观察才能认识到。许多成人错误的思维方式损耗了孩子太多的精力，没能给孩子自由的表现空间，也就错过了发现孩子敏感反应的特质。

大多孩子生活的环境非常简单——一间不大的婴儿房，各种刺激还是源源不断作用在孩子身上：雪白的天花板、成人说话的声音、床头漂亮的玩具……环境越简单，越不利于孩子观察这个世界。

当我们明白这一点后，就应该适当为孩子增加外在刺激。父母可为孩子准备一些能让他们“怦然心动”的东西。如在孩子还不能坐起来的时候，可以把一些漂亮的玩具拴在绳子上，吊在孩子的眼前，让他去观察；当然也可以拿在手里展示给孩子看。如果孩子的小手早早就能够抓握东西，父母也可以经常为孩子准备些小东西放在他的手边，让他自由抓取。

当孩子能够坐起来的时候，孩子的视野也就更加宽阔。这时父母就可以尽量把孩子周围的环境打扮得更丰富一些，让孩子自由去观察。

孩子的内在敏感性

通过对敏感期的研究我们发现，孩子对外部环境表现出了非常明显的敏感性。虽然孩子的敏感性发生在外部环境中，但是外部环境仅仅只是为孩子提供了一个发展场所，为孩子提供了发展媒介。孩子要实现发展还要靠内在的敏感性。

内在的敏感性让孩子对周围的世界做出了反应，让孩子产生了强烈的欲望去探索外部世界。而内在的敏感性也让孩子在敏感的基础上做出了进一步选择。

这一点在孩子学说话时表现得非常明显。当孩子接受声音刺激的时候，是不同的声音混杂在一起传到孩子耳朵里的。孩子的神经被调动起来了，但是并不是所有的神经都被调动起来，而是那些能够被声音震动起来的神经纤维、随着这种刺激震动起来。神经纤维开始逐渐在众多声音中分辨出一种有规律的声音——这就是语言。

我们同时会发现，孩子的某种特定敏感性很容易快速消逝（就像蝴蝶幼虫长大些后，对光的敏感也消失了）。也就是说，只有孩子内在的敏感性要去获得某种成长特性时，针对其的敏感性才相应出现。一旦这种特性具备，对其的敏感性很快就会消失。但是，孩子的成长是方方面面的，孩子的敏感期也是多种多样、接踵而至的。当孩子一种敏感激情殆尽的时候，另一种激情又紧随而来，孩子也就从一种敏感期过渡到了另一种敏感期。正是一个又一个敏感期让孩子的思考能力得到了提升，也最终让孩子实现了成长。

新教育——发现孩子

通过早期的教育实验，我发现了孩子成长过程中的一些特点和现象。“儿童之家”学校最初是设在罗马极度贫困的地区，我感到庆幸的是，这让我们能够更近距离地观察孩子，最后发现孩子的成长规律，得出了新的教育方法。

这种结果的取得原因是多方面的。第一方面，学校里都是穷人家的孩子，他们的物质世界比较贫乏，但是，他们的内心精神却非常丰富。而且他们的成长环境更为自然，保留了孩子更多的自然天性；第二方面，“儿童之家”学校的老师并不像贵族学校的老师那样专业，这也让他们摆脱了传统教育思想的干扰，有了更多自由发现和发挥的空间；第三方面，“儿童之家”的孩子的父母大多没有接受过高层次的教育，很少会对孩子进行自以为是的干预，孩子的天性得到了更好地释放。

在我们的教育实现中，我们发现成人必须认识到这样一个事实——孩子是有精神生命的，孩子的成长有自己的规律。但是由于其表现得非常微妙，常常不能够引起成人的注意，所以孩子的种种内在或外在的活动常常被成人无意识地破坏。

对孩子来说，成人的环境和认知方式都不适合他们成长，甚至成人还会常常带来更多障碍。这些障碍和孩子内在的成长规律相冲突，孩子不得不建立起“防御机制”来排除成人的干扰。多年以来，针对孩子的心理学和教育研究，也多是站在成人的视角之上开展的，孩子自身被忽视。

发现孩子

孩子的成长有着自己的特点，或者说孩子适应世界的方式与成人截然不同。所以在成人看来很多孩子的行为都是异常的，不能被理解的。比如孩子发脾气，很多父母会认为孩子在无理取闹，实际上这不过是孩子某种内在冲突的表现。

由于成人对孩子缺乏了解，致使孩子的真实心理都被伪装了起来。孩子很多因内在冲突表现出的执拗，在成人眼里是任性、乖张甚至是胡闹的，但实际上造成这一切的原因大多是成人的干预与压制不能让孩子表现出自我。

在孩子身上，一定有一个按照其既定计划发展的精神胚胎。也就是说在孩子的外表之下还存有一个有待成人去认识的孩子。

孩子正处于自我实现的阶段，正是这种自我实现让他们成为参与世界的人。确切地说，孩子在世界中正在创造自我，正经历着一个从不存在到存在、从潜在能力到实际能力的发展过程。

不被成人理解的孩子

成人总是按照自己的想法和意愿去教育孩子而不顾及孩子的身体情况和心理需要。

现在有一些专门为 1 岁以下的孩子设立的学校。在这些学校里，孩子在非常小的时候就开始接受身体训练，美其名曰为其在以后的日常生活中拥有强壮而灵活的手脚打下基础。

然而，这些盲目的做法，完全没有考虑到孩子的身体承受力。新生婴儿的身体是那么柔弱，怎么能够承受超越身体发展的特殊训练？而这时候的孩子有更为重要的学习任务——按照自己的视角去观察世界。

孩子的肢体如何运动，应该由孩子的生命本能来决定，由孩子自己的意志来决定。只有自己支配自己，孩子的肌肉和神经才能得到正常的发展，因为这样的身体活动，才是其真实自我的体现。

我曾在意大利的米兰街头遇到过这样一件事情。那天我去拜访米兰的“儿童之家”学校，在路过一座教堂的时候，正好里面的唱诗班在唱赞美诗，悠扬而神圣的声音从教堂里传了出来，很多人都驻足聆听。

这时，路上有一位行色匆匆带着孩子的妇女。当歌声传来的时候，她的孩子也想停下来聆听，但是，这位妇女急着要赶路，她不允许孩子这么做。在和孩子僵持了一会儿后，这位妇女生气了，拖着孩子走了，一路上孩子不断挣扎，一副很不情愿的样子，但又拗不过自己的母亲。

成人和孩子之间的冲突就这样发生了，慢慢地，孩子就成了成人操纵的玩偶。有些教育学家把孩子称为“软蜡”，意思也就是说孩子是可以像“软蜡”一样适当塑造的。这些教育学家认为塑造孩子必须由成人来完成。实际上这是不对的，父母并不能完全理解孩子，孩子的塑造过程必须由他们自己去完成。

非干预教学法

老师也是孩子成长路上的指路者之一，他们同样对孩子起到非常重要的教育作用。有些老师在还没有理解孩子的时候，就喜欢一味地把自己的意志强加给孩子，结果却阻碍了孩子的发展。实际上，老师需要确定就是孩子真正需要什么，然后，就像“仆人”为“主人”端上茶水后就“主动退下”，让“主人”随意饮用。老师不要把自己的意识强加到孩子身上，只需在一旁注意孩子的进展，为引导孩子的正确方向准备下一步工作所需要的材料即可。

但是大多数老师却总是忍不住去干预孩子，不断地对孩子指手画脚，造成与孩子的冲突。在这一过程中，孩子往往会相应地做出一些不符合老师要求的行为来发泄自己的不满。

比如，很多老师认为，孩子思考的时候要专注，手脚不能乱动。但实际上，孩子不用双手就无法思考，我们经常看到孩子用手托着脑袋思考就是如此。但老师总是把人的思考活动和人的身体活动当成截然分开的两回事，认为思考的时候就要安静地坐着，玩的时候就完全把心智抛在一边。

教育学遵循的是成人的逻辑，与孩子成长的“自然”逻辑有所不同。正是出于对孩子成长规律的尊重，老师必须放手，给孩子更多的空间。老师只需给孩子准备好各种材料然后让孩子们自己动手，即使有时候孩子做错了也没关系，因为这也是孩子成长的一部分。其实，这就是“非干预教学法”。

智力——孩子认识世界的强大工具

孩子的成长与智力发育息息相关，只有孩子将来自世界的各种信息加以提炼，运用自己的思维把它们内化为自己的认知，我们才能说孩子“成长”了。我们总是希望孩子能够“头脑开窍”，却又忽视对孩子智力的关注；我们通常不会忽略孩子生活上的快乐，但常常忽视孩子智慧上的快乐。

智慧的快乐是更高层次的快乐，对孩子来说也是如此。然而一些人总是把孩子当成毫无分辨能力的傀儡一样去抚养，对那些提高孩子更高层次快乐的做法横加指责，结果最终造成孩子智力低下。之所以会这样，就是因为我们认为孩子的乐趣只会从贪吃、玩耍或者其他更低层次的活动中获得。

实际上，那些低层次的“快乐”不会保持很久，只有拥有智慧的快乐后，孩子才能在认识上迎来新的的转折点——孩子有了更恒久快乐的来源。

如果一个人能够享受到生活中的乐趣，那么，他就是对世界有所理解的人，对世界的发现也会更为深入。如果孩子能够做到这一点，那么，他就能比别人获得更高崇的满足感。只有这样的孩子，才能够更坦然地处理和别人的矛盾，并勇敢面对生活中的痛苦与困难。

孩子智力的起点——区分

“上帝把光明与黑暗分开，然后让江水汇集在一起，让陆地出现。”可见就连上帝创造世界的工作，也是从区分开始的。区分是智力的起点，即使储存了再多的信息，如果不能对其进行梳理辨别，这些信息也就不能真正转化成知识，更不能形成智慧。

庞大的外在世界对孩子来说既五彩缤纷又杂乱无章。如果他不能在这混乱的状态中梳理出简单的头绪，认知活动也会混乱不堪，智力发育也会非常迟缓。

一个3岁左右的孩子的思维会让认知能力逐渐显现，但是这个世界一下子为他提供了太多东西，让他感觉眼花缭乱、手足无措。这时候孩子就会显得非常混乱，甚至常常用哭闹的方式来显示自己的无能为力。这时候的孩子就像一个胡乱收藏了一大堆书的人，这些书乱糟糟地堆在一起，让人很烦恼。而孩子就要像整理图书一样“整理”自己的认知秩序。

实际上，任何事物都有自己的特性，孩子能够借助特性差异将这些事物区分开来。事物有高低之别和厚薄之分，每一种声音都有自己的声调，每一种颜色都所有差异，每一种东西触摸起来都有不一样的感受……

正是因为事物有着复杂的物理特性，所以借助“感官练习”可以提升孩子的区分能力。事实上，我们正是通过感性分析来描述事物的属性：大小、形状、质感、冷暖、味道……“感官练习”对孩子有着巨大吸引力，能够让孩子注意到一系列事物的外部表现，并最终认识到事物的差异。

在现实生活中，最容易区分事物的方法就是通过感官来认识事物的特征。一旦孩子做到这一点，他眼中的世界就不再混乱不堪，思维也就显得井井有条。当孩子能够真正认识到天是蓝的、太阳是东升西落的、月亮是夜晚才会出现的……就意味着孩子的认知秩序开始建立，智力发育也步入了正轨。

环境与孩子智力发育

我们通过研究孩子智力发展状况，逐渐揭示了孩子成长的秘密。智力对孩子成长影响的重要性是不言而喻的，培养孩子就要更关注孩子心智的发展。

我们通过观察孩子智力成长的过程，就会发现孩子智力活动开始于对周围事物的差异化感知。正是如此，周围环境为孩子智力发育提供了广阔空间。

环境对孩子非常重要，当孩子的各种感觉与环境想融合的时候，就唤醒了孩子的大脑。各种环境带给孩子的心灵体验和智力发育也是不同的。

当一个孩子置身于怡人优雅的环境，躺在碧绿的草地上，孩子就会禁不住引亢高歌；当孩子翻看五颜六色的图画书时，孩子对色彩的敏感就被唤醒，会忍不住拿起彩笔涂抹起来；当孩子触摸到冰冷的铁块，就会对温度和硬度产生更直观的认知；当孩子看着飘在空中的热气球时，他的好奇心就被唤醒了，思考着它为什么能够上天……正是周围世界丰富的刺激，唤起了孩子的大脑神经，打开了孩子的智力发展之门。

周围的环境让孩子更清楚地发现了事物之间的联系。孩子在观察中逐渐认识了事物的特性，也增长了自己的智力。孩子能够凭借自己获得的智力，再次将自己的认识反馈到周围的环境中，并予以修正，进而形成更正确的认识。就这样，孩子完成了自己的基本智力训练。

处于敏感期的孩子对最轻微的环境刺激能迅速做出反应，他们随时都做好了准备，等候被召唤。但这并不意味着孩子对同样的环境刺激会做出同样的反应。相反，孩子对环境做出的反应是多种多样的。

当微风吹动窗帘的时候，一个孩子会注意到窗帘的颜色，另一个孩子则可能意识到窗帘很轻；当一位女士招手的时候，一个孩子看到的是一双洁白修长的手，另一个孩子注意到的却可能是手上的戒指；两个孩子看窗户，一个孩子在意的是长方形的玻璃，另一个则可能透过窗户看到天空中的白云……

孩子在面对周围的环境时，会做出自己的“自然选择”，这种选择也表现出孩子在认识上的差异和智力进一步的发育。世界上所有事物的特性都不是唯一的，所以，在感官基础上的认识也不会是唯一的，只要孩子能将注意力集中在特定的点上，就会获得相应的认识和智力发展。

对孩子的直观教学法

一个终生在花园里劳动的园丁，即使他没有受过多少教育，也能通过丰富的实践经验辨认出众多花草。但是和植物学家相比，我们很难称园丁博学。因为太多植物学家具有科学的分门别类的能力，对花草有着更为深入的认识，这也是园丁所不及的。尽管园丁和植物学家在“人”的属性上没有根本区别，但是人们还是普遍认为植物学家更有“认知价值”。

园丁和植物学家代表着两种认知方式：一种基于实践，一种基于理性思维，而理性思维是实践的升华。孩子的认知方式显然是基于实践的，那么对孩子的教学，就要更多地进行直观的展示。

在一所幼儿园，老师为孩子上了一堂直观的咖啡课。上课的时候，老师拿来了大量的咖啡豆，每个孩子都分到了一些。老师带着孩子去感受咖啡豆的大小、颜色、形状和味道。然后老师又拿出了研磨好的咖啡用开水冲好，让孩子去闻它的芬芳。

老师这种直观的教育法显然是有效的，因为老师介绍的有关咖啡的知识都是孩子可以明确感知的。假如老师接着讲咖啡树是怎么长成的，描述先民如何历尽千辛万苦将咖啡带回欧洲，孩子一定会感觉索然无味。因为这已经超出了孩子的认知范围，对孩子了解咖啡没有什么用处。

如果我们向孩子讲述咖啡的历史和生长知识，即使孩子暂时能够明白一点，过不了多久，孩子又会忘得一干二净。实际上，这些模糊的概念只会让孩子感觉精疲力竭。即使孩子能够形成联想，我们会发现运咖啡的轮船、放咖啡的桌子、咖啡豆等，在孩子的脑子里根本无法联系在一起。更为重要的是，孩子还是没有懂得什么是咖啡。

我们不能超越孩子的认知阶段来教育孩子。在敏感期直观教学法是最合适的方法。正是通过直观教学，孩子的大脑里不断接受了新观念，随着孩子学习能力和智力的提升，孩子自会对这些新概念进行再次分门别类、消化吸收。

爱的智慧——聆听天使的心声

是爱，让我们的世界变得更加和谐。因此，我们也更应该对爱进行更深入的研究，发掘爱在教育中的巨大作用。孩子身上聚集着人类全部的爱的情感，应成为整个世界关注的焦点。虽然我们很难对爱下一些确切的定义，但是没有人能够否认爱对人类的巨大作用。

“儿童之家”就是在爱的旗帜下建立的。我们接收穷人家的孩子，我们最初的校舍破烂不堪，但是出于对孩子的爱，我们决定探索全新的教育方式。我们甚至接收了墨西哥大地震后的孤儿，正是爱，把每一个人聚集在“儿童之家”的大家庭里。

正是在我们的探索中，发现了爱对教育的巨大作用。不过，父母和老师总是认为自己给了孩子太过无私的爱，不需要回报。其实这种想法是错误的，应该教导孩子学会感恩，学会如何去爱自己的父母和老师，学会去爱每一个人。然而，我们真的在爱上面有如此高的优越感吗？实际上，孩子也深深爱着身边的每一个人，对于父母和老师，孩子更是充满了信赖。

孩子是爱的天使

孩子是父母爱的结晶，出生后又继续被父母的爱所包裹。父母对孩子的爱是博大而无私的，毫无怨言。父母时时呵护着孩子柔弱的身躯和脆弱的心灵。孩子因爱而来，所以爱也是孩子成长的自然源泉。

其实，孩子也在向父母表达着自己的爱，尽管有时候我们意识不到孩子的爱是那么的强烈。

在清晨太阳升起的时候，也许劳累的父母还在沉睡着，黎明的阳光并没有唤醒他们疲惫的身躯。这时候，孩子会悄悄地走进父母的房间，摇晃着父母的身体，父母往往会不耐烦地抱怨道："不要天一亮就来叫醒我们，爸爸妈妈要休息。"

而这时，孩子很可能会说："我并不是故意的，只是想来亲亲你们。"

虽然孩子不会表达，但是我们也应该意识到孩子来到父母床前更深一层爱的含义。孩子早早起来并不仅仅是因为喜爱清晨美妙的。当孩子来到父母的床前时，好像在说："天已经亮了，你们要努力过更健康的生活。"孩子的到来唤醒了我们有些麻木的心，给了我们一个全新的开端。

这就是孩子的爱对父母的重大意义。生活的重压和年岁蹉跎，让父母都感觉麻木了，需要孩子那颗充满活力的心去唤醒他们，激发出他们对生活的渴望。父母需要更好的生活，而孩子的爱就是其奋斗动力。如果少了孩子的爱，父母会变得多么颓废和无趣啊！如果父母不借助孩子的爱迸发出蓬勃的动力，我们就无法进行自我改造，生活也终会变得一片荒芜。

孩子深深地爱着他身边的成人，无论吃饭还是睡觉都希望爱的人可以陪伴在身边。然而，那些被孩子所爱的人却总是认为："如果孩子睡觉的时候还要去陪他，就太溺爱他了。"但是我们仔细想一下，孩子为什么会无时无刻想和父母待在一起？是因为爱啊！

孩子的爱不仅仅限于父母，还扩展到周围的每一个人。人本性善良，孩子还没有被社会那些肮脏的思想和坏风气所浸染，所以，此时孩子内心充满了爱，这种爱比成人的爱还要纯粹和宝贵。所以，我们不要总是想着当孩子爱的导师，而是要用自己的的心去感受孩子的爱。

母爱引领孩子的发展

俄罗斯著名作家托尔斯泰曾说过："爱孩子是老母鸡都会干的事，关键是怎样教育孩子。"没有人会怀疑父母对孩子的爱，但更重要的父母如何去爱孩子，也就是如何更好地促进孩子成长。父母爱孩子的态度、原则和方法对孩子的成长有着重要作用。父母要在满足孩子必要的物质需求的基础上，更关注孩子的精神生活，体察孩子的心理发展，和孩子建立起双向的爱。

如果父母因为爱孩子，就没有原则，凡事都迁就孩子，满足孩子的一切要求，这种畸形的爱，最终只会害了孩子。对孩子正确的爱不是溺爱，而是在洞察孩子的内心需要之后，满足其成长的精神渴望，引导孩子在生活中学会基本的生活能力和坚强品质。当孩子遇到了麻烦时，父母也不要立即就替孩子遮风挡雨，而是鼓励孩子自己去战胜困难。

在现代家庭中，妈妈和孩子相处的时间越来越少，所以，妈妈要学会各种知识，在孩子出生前就做好充分的准备。当孩子出生后，妈妈就能在有限的时间内给孩子各种教育和心灵上的保护。在工作的同时，妈妈也应该把更多的精力放在孩子身上。母爱能够为孩子自然发展提供最有力的保障。母爱是大自然赋予的神圣力量，它在教育孩子的作用理应受到人们的重视。

给孩子真正的关爱

如何给予孩子爱是一个非常复杂的事情。如果我们给予爱的方式不当，反而可能会障碍孩子的发展。成人经常说："我们给了孩子很多东西，我们给他们新鲜的空气和食物，他们完全可以生存得很好。"事实上，仅仅给孩子新鲜的空气和足够的食物是远远不够的，孩子最需要的是心灵上的满足，是自我的成长需求得到尊重和满足。

有一位"好心"的妈妈，看到自己给孩子规定的睡觉时间到了，就立刻要求孩子上床睡觉。这时候，正在堆积木的孩子就请求妈妈让他堆完再去睡。但是，妈妈觉得让孩子按时睡觉比堆积木更重要。所以，无论这个孩子怎样请求，这位妈妈就是不同意。孩子只好不情愿地上床睡觉。

可是孩子上床之后总是睡不着，过了一会儿他又爬起来，想偷偷地堆完。妈妈发现孩子偷偷起来了，觉得孩子是在故意使性子，于是，她很生气地把孩子责骂了一顿。孩子委屈地对妈妈说："我只是想把积木堆好再睡觉。"

但是，这位生气的妈妈根本不愿意听孩子的解释，命令孩子向自己道歉。孩子觉得自己并没有做错什么，所以，他感到非常委屈。孩子哭着说道："妈妈，我并没有做错事，为什么要我道歉呢?"

这位妈妈出于让孩子有充足睡眠的考虑，为孩子规定了睡眠时间。但是，妈妈的处理方式显然是不正确的，反而让自己的爱伤害了孩子。很多时候，父母不愿意尝试去理解孩子内心的想法，只是自以为是地将自己的意志强加到孩子身上。一旦孩子不服从，父母就会觉得孩子不明白自己的良苦用心，感觉非常生气甚至责骂或惩罚孩子。

不正确的爱很容易给孩子的心灵带来创伤，在无形中会阻碍了孩子的成长，所以为孩子提供正确的关爱就非常重要。

孩子也有自己的想法和喜好，因而在做事情时也有自己的判断。所以，父母要多体谅孩子的内心需要，给予孩子更多的理解，让孩子快乐成长。